Karl Stückler

Met

stv

Karl Stückler

Met

Honigwein selbst gemacht

Leopold Stocker Verlag
Graz – Stuttgart

Umschlaggestaltung, Layout und Repro:
DSR Werbeagentur Rypka GmbH, 8143 Dobl/Graz, www.rypka.at
Titelbild: Wunderkastl, Herbert Wieser, Klagenfurt

Bildnachweis: Alle nicht anders gekennzeichneten Fotos stammen vom Autor.

Der Inhalt dieses Buches wurde vom Autor und vom Verlag nach bestem Gewissen geprüft, eine Garantie kann jedoch nicht übernommen werden. Die juristische Haftung ist ausgeschlossen.

Bibliografische Information der Deutschen Nationalbibliothek
Die Deutsche Nationalbibliothek verzeichnet diese Publikation in der Deutschen Nationalbibliografie; detaillierte bibliografische Daten sind im Internet unter http://dnb.d-nb.de abrufbar.

Hinweis: Dieses Buch wurde auf chlorfrei gebleichtem Papier gedruckt. Die zum Schutz vor Verschmutzung verwendete Einschweißfolie ist aus Polyethylen chlor- und schwefelfrei hergestellt. Diese umweltfreundliche Folie verhält sich grundwasserneutral, ist voll recyclingfähig und verbrennt in Müllverbrennungsanlagen völlig ungiftig.

Auf Wunsch senden wir Ihnen gerne kostenlos unser Verlagsverzeichnis zu:
Leopold Stocker Verlag GmbH
Hofgasse 5 / Postfach 438
A-8011 Graz
Tel.: +43 (0)316/82 16 36
Fax: +43 (0)316/83 56 12
E-Mail: stocker-verlag@stocker-verlag.com
www.stocker-verlag.com

ISBN 978-3-7020-2253-2

INHALT

Vorwort 9

Einführung 11

Der klassische Honigwein (Met classic) 12
Der trocken ausgebaute Honigwein 12
Der mit Gewürzen und Fruchtsäften versetzte Honigwein 12

Die Geschichte des Honigweines 13

Brauchtum und Met in Österreich, Deutschland und der Schweiz 15

Einflussfaktoren auf das Geschmacksbild des Honigweines 18

Honig 18
Trägerflüssigkeit 18
Gärung 18
Gewürze 18
Alkoholgehalt 19
Restzucker 19
Säurewert 19
Stabile Flaschenfüllung 19

Metkunde für den Kleinproduzenten 21

Der einfachste Weg zum eigenen Met 21

Met – eine Kurzanleitung 22

Die Kleinproduktion 27

Honigauswahl 27
Metansatz 27
Gärvorbereitung 28
Gärung 28
Abzug nach Hauptgärung 29
Abzug nach beendeter Gärung 29
Restzuckereinstellung 30
Filtration 30
Schwefelung 30
Gewürze 31
Reifelagerung und Flaschenfüllung 31

Die große Met-Kunde 33

Allgemeine Methodenbeschreibung 33

Lange Gärphase 33
Kurze Gärphase 35

Ausgangsware 36

Das Wasser 36
Der Fruchtsaft 37
Der Honig 37
Inhaltsstoffe von Honig 39
Problemhonige 41

Honigbedarfsberechnung 43

Berechnung des Honigbedarfs 44
Endalkoholgehaltsberechnung 45

Auflösen des Honigs ... 46
Zuckerbestimmung in der Ansatzlösung ... 48
Messmethoden zur Bestimmung des Zuckergehaltes ... 49
Umrechnungstabelle von Zucker zu Alkohol ... 50
Gärvorbereitung ... 51
Aufsäuerung ... 51
Hefenährsalze ... 52
Reinzuchthefe ... 53
Hefewahl ... 55
Aufwandsmengen und Anwendung ... 55
Die Gärung ... 58
Gärprobleme ... 58
Behandlung nach Gärende ... 58
Abzug vom Hefedepot ... 58
Die Aufsäuerung ... 60
Die Schwefelung ... 61
Das Nachsüßen – die Restzuckereinstellung ... 64
Klärung ... 66
Schönung ... 66
Filtration ... 71
Reifelagerung ... 75

Vorbereitung zur Flaschenfüllung ... 75
Verschnitt ... 75
Würzstoffe ... 75
Färben ... 77

Analytische Kennzahlen ... 80
Alkoholgehalt ... 80
Restzuckergehalt ... 81
Schwefelgehalt ... 81
Säurewert ... 81
Analysemethoden ... 82
Alkoholbestimmung ... 82
Säurebestimmung ... 83
Zuckerbestimmung ... 83
Nachweis der Trubstabilität ... 84

Die Flaschenfüllung ... 85
Gefahrenbereiche ... 85
Eiweißstabilität ... 85
Nachgärung in der Flasche ... 86
Pasteurisationsmethoden ... 87
Warmfüllung ... 87
Edelstahlspirale ... 88
Platten-/Röhrenwärmetauscher ... 88
Elektrischer Pasteur ... 88
Kaltfüllung mit anschließender Überflutung ... 88
Kaltfüllung mit anschließender Erwärmung im Wasserbad ... 89
Kaltsterile Flaschenfüllung ... 90
Grundreinigung ... 91
Desinfektion ... 93
Metprotokoll ... 95

Honigweinvarianten ... 98
Alkoholfreier Met ... 98
Das Grundprinzip der Herstellung ohne Fermentation ... 98
Beispielrezept: Alkoholfreier Gewürzmet ... 98

Honigweinfrizzante ... 99
Der Begriff „Frizzante“ ... 99
Anspruch an die Ausgangsware Met ... 99
Füllvorgang ... 99
Honigwein mit Früchten ... 100
Einsatz von Presssäften/Direktsaft ... 100

Fehler und Krankheiten bei Met ... 102
Vorbeugende Maßnahmen gegen Bakterieninfektionen ... 103
Mäuseln ... 103
Ursachen ... 103
Vorbeugung ... 104
Heilung ... 104
Böckser ... 104
Ursache ... 104
Vorbeugung ... 104
Behandlung ... 104
Milchsäurestich ... 105
Ursache ... 105
Behandlung ... 105
Essigstich ... 105
Ursachen ... 105
Vorbeugung ... 105
Heilung ... 105
Holzgeschmack ... 106
Oxidation ... 106

Rezepte mit Met ... 107
Alte Metrezepte ... 107
Kräftiger Gewürzmet ... 107
Altes Metrezept aus Ostpreußen ... 108
Honigmet nach Altmeister Dzierzon ... 108
Metrezept von 1897 ... 108
Mix-Rezepte mit Met ... 110
Metsekt ... 110
Met-Bowle tropisch ... 110
Apfel-Met-Bowle ... 110
Melonenbowle mit Met ... 110
Wikingerblut ... 111
Heißer Met mit Wodka – „Umwerfer“ ... 111
Met-Glühwein ... 111
Cocktails mit Met ... 111
Old Fashioned Twist ... 111
Metini ... 111
Honey Bucket ... 112
Bee´s Orchard ... 112
Bumble Beat ... 113
Corn & Met ... 113
Met Espresso Martini ... 115
Met Julep ... 115
Met Manhattan ... 115
Met Cadillac ... 115
Metroni ... 115
Danziger Met-Cocktail ... 115
Daiquiri Met ... 116
Speisen mit Met ... 116
Wildschwein mit Metsauce ... 116
Wikingerblut-Marmelade ... 116

Blick über den Tellerrand ... 118
Nationale und internationale Metprämierungen ... 119

Anhang ... 123
Gesetzliche Bestimmungen ... 123
Schweiz ... 123
Österreich ... 124
Deutschland ... 125
Literaturverzeichnis ... 126

Foto: Mag. Tom Weilgun

VORWORT

Als Lehrer und Berater an der Imkerschule Warth-Aichhof (Niederösterreich) musste ich vor Jahren feststellen, dass es über Met nur wenig brauchbare Literatur gab. Darum erschien 1995 von mir im Leopold Stocker Verlag das Buch „Der Met". Es entwickelte sich zum Standardwerk für die Metherstellung und wurde 2020 bereits in der vierten Auflage verlegt. Es bildet die Grundlage des heute vorliegenden Werks.

Met wird sowohl von Hobbyweinerzeugern für den Eigenbedarf hergestellt, als auch in größeren Mengen von Imkern, die aus ihrer Metproduktion einen Betriebszweig aufgebaut haben. Beiden soll dieses Buch eine wertvolle Hilfe bieten.

In Ergänzung zur bewährten Aufteilung „Metkunde für den Kleinproduzenten" sowie dem vertiefenden Kapitel „Die große Met-Kunde" wurde vor allem der Rezeptteil erweitert. An dieser Stelle bedanke ich mich bei der Superstition Meadery, den Kings of Mead sowie der Hammond Bar für die Bereitstellung von Fotos.

Mit den Jahren hat sich auch manche Schreibweise verändert. Heutzutage ist die Angabe des Säuregehaltes in Promille im praktischen Gebrauch nicht mehr üblich, da Gramm pro Liter (g/l) die standardisierte Einheit ist. Hinzugekommen sind auch die Abschnitte über internationale Prämierungen und Honigweinvarianten. Alkoholfreier Met eignet sich sowohl für Kinder als auch diejenigen, die bewusst auf Alkohol verzichten, jedoch den komplexen Geschmack des Honigs und der Gewürze schätzen.

Die Kunst der Honigweinbereitung besteht darin, die Faktoren Alkohol-, Restzucker- und Säuregehalt bei gleichzeitig fehlerfreier Gärung in ein harmonisches Verhältnis zueinander zu setzen. Wenn es uns gelingt, einen bekömmlichen, qualitativ hochwertigen und vor allem stabilen Honigwein in ansprechender Verpackung herzustellen, wird die Beliebtheit dieses aromatischen Getränks weiter steigen.

Gutes Gelingen wünscht Ihnen
Karl Stückler

Ritterburg Lockenhaus
Asgard
Met
Ritterburg Lockenhaus
A-7442 Lockenhaus
Tel. +43 2616 2394, Fax DW -80
www.ritterburg.at
0,5l
L 100/07/04 - Kühl lagern!
12%vol

EINFÜHRUNG

Met gewinnt in der modernen Imkerei immer mehr an Bedeutung. Einerseits ist die Nachfrage nach qualitativ hochwertigen Honigweinen gestiegen – andererseits bieten immer mehr Imker dieses Produkt als Bereicherung ihrer Angebotspalette an. Aber auch der oft niedrige Handelspreis für Blütenhonig (Raps-, Robinien- und Sonnenblumenhonig) trägt dazu bei, dass der Imker versucht, aus seinem Honig ein preislich höherwertiges Produkt zu erzeugen.

Die Meterzeugung wird immer stärker vom Imker als eigener Betriebszweig geführt. Durch das Angebot von guten Metqualitäten wird die Nachfrage steigen, so dass sich für den Imker eine einträgliche Marktlücke öffnet.

Wurde Met früher nach alten Rezepten erzeugt, so ist man heute bestrebt, nicht stur nach einem Schema, sondern produktangepasst, flexibel und wirtschaftlich einen stabilen Honigwein zu erzeugen, der den Konsumentenwünschen entspricht. Heute ergeben sich durch kellertechnische Erneuerungen einerseits und ein größeres Wissen auf dem Gebiet der Mikrobiologie andererseits bessere Möglichkeiten, Met zu produzieren.

Nicht Rezepte sind gefragt, sondern ein entsprechendes Fachwissen in den Bereichen Gärtechnik und Kellerwirtschaft wie Kompetenz im Marketing. Bei keinem anderen Getränk ist es heute möglich, so viele unterschiedliche Geschmacksrichtungen zu erzielen.

Entscheidend für den Geschmack und Aufbau eines Honigweines sind folgende Hauptfaktoren:

- **Honigsorte**
- **Gewürzwahl**
- **Basis Wasser oder Fruchtsaft**
- **Gärbedingungen**
- **Endalkoholgehalt**
- **Restzuckergehalt**

Dies sind nur die wichtigsten Faktoren. Natürlich kommen dann noch Lagerbedingungen, Hefewahl, Füllverfahren etc. hinzu. Dies alles ergibt eine Vielzahl an Möglichkeiten, so dass kein Met dem anderen gleichen wird. Um dem eigenen Kundenkreis dennoch eine nahezu gleichbleibende Geschmacksrichtung anbieten zu können, sind laufend Aufzeichnungen zu führen.

Für welche Metart sich der Produzent auch immer entscheidet, wichtig ist, dass nur reintöniger, fehlerfreier Met auf den Markt kommt. Durch minderwertige Produkte wird der Konsument vergrämt und ihm so die Neugier auf einen erneuten Metkauf genommen.

Wie oben erwähnt, ist Met ein Produkt mit einer sehr großen Geschmacksvielfalt. Trotz dieser Vielfalt lassen sich drei Gruppen an Met erkennen: der klassische Honigwein, der trocken ausgebaute Honigwein und der mit Gewürzen und/oder Fruchtsäften versetzte Honigwein.

Der klassische Honigwein (Met classic)

Wird durch seine zarte Honignote geprägt. Der Restzuckergehalt liegt meist zwischen 80 und 140 g pro Liter. Lediglich Wasser und Honig werden zur Herstellung verwendet. Er ähnelt den lieblichen und süßen Traubenweinen mit seiner feinen Honig- und Rosinennote. Das Zielpublikum sind die Süßweintrinker, welche den Met als Geheimtipp entdeckt haben.

Der trocken ausgebaute Honigwein

Der Zuckergehalt des Honigs wird vollkommen zu Alkohol umgewandelt – es wird auch nach der Gärung nicht nachgesüßt. Der süße Honigcharakter ist bei diesem Produkt nicht zu finden. Kastanien- oder Lindenhonig geben einen herben Charakter, Rapshonig wird im durchgegorenen Ausbau eher eckig und kantig schmecken. Da sich der Konsument unter Met ein mehr oder weniger süßes Produkt vorstellt, hat diese Gruppe der Honigweine weniger Freunde. Es gibt aber exzellente trocken ausgebaute Honigweine, welche für den Kenner eine echte Freude darstellen.

Der mit Gewürzen und Fruchtsäften versetzte Honigwein

Drachenblut, Odins Blut, Wikingerblut oder auch Teufelsblut sind nur einige der Bezeichnungen für Met mit Kirschsaft. Zusätzlich werden noch Gewürze hinzugegeben. Der Ursprung solcher Rezepte entstammt der nordischen Sagenwelt, in der das Zwergenpaar Fjalar und Galar den Riesen Kvasir tötet und dessen Blut mit Honig mischten, um daraus Met herzustellen. Odin stahl und trank diesen Met, wodurch er Flügel verliehen bekam und in die Zwischenwelt nach Asgard fliehen konnte. Getrunken werden diese Honigweine in den Kreisen der Freunde des Mittelalters.

Apfelsaft wird ebenfalls sehr gerne zum Ansetzen verwendet. Dieser hat nicht nur die Aufgabe, den fertigen Met geschmacklich zu beeinflussen, solche Honigweine gären durch den Zusatz von frisch gepressten Säften auch besser.

Auch reiner Kräuter- und Gewürzmet wird erzeugt und angeboten. Vielerlei altüberlieferte Rezepte sind im Umlauf. Der Fantasie bei der Zugabe von Gewürzen sind keine Grenzen gesetzt. Der gesundheitsbewusste Konsument, der Honig mit der positiven Wirkung der Kräuter kombiniert, ist hier der Hauptabnehmer.

Um gute Qualitäten erzielen zu können, ist es notwendig, sich ein fundiertes Fachwissen über Gärtechnik und Kellerwirtschaft anzueignen.

DIE GESCHICHTE DES HONIGWEINES

Die Geschichte des Honigweines ist eng mit der Geschichte des Honigs, die bis in die Steinzeit reicht, verbunden. Höhlenzeichnungen wie jene in den Cuevas de la Araña bei Valencia in Spanien, welche auf 16.000 Jahre geschätzt wird, geben darüber lebhaften Aufschluss.

Bei welchen Kulturvölkern auch immer, Honig stellte immer etwas Kostbares dar und mit ihm auch der Met. Es kann auch bloß Zufall gewesen sein, dass Honig mit Wasser verdünnt wurde, zu gären begann und ein berauschendes Getränk ergab.

„Das Honigwasser“ (Holzschnitt aus dem „Hortus sanitatis“, Straßburg, um 1500)

In den Harems der Araber galt eine Mischung aus Met und Kokosmilch in Verbindung mit Fischen als potenzfördernd. Inder nennen ihren Met „Madhu", der von allen Getränken ganz besonders geschätzt und nur Ehrengästen serviert wird.

Met ist aber besonders mit dem Römer- und Germanentum verbunden worden, sein Image als Kraft-, Mut- und Gesundheitsgetränk hat er auch bis heute nicht verloren.

Dieser Ruf ist der Kombination Alkohol mit Einfachzucker (Fructose und Glucose aus dem Honig) zu verdanken. Der Alkohol enthemmt, der Zucker gibt die nötige Kraft.

Die Gallier und Germanen vergoren ihren Met nicht nur mit Wasser allein, sondern mischten auch Gersten- und Hopfensaft bei. Der Name „Met" für „Honigwein" geht wohl auf das indogermanische „medhu" zurück. Demnach waren Honig und Honigwein den Germanen wie den Kelten und Slawen bereits in ihrer Urheimat bekannt.

Eines der ältesten überlieferten Metrezepte befindet sich in der Universitätsbibliothek München und wurde 1350 in Würzburg verfasst. Es ist Teil des Kochbuches „Das Buch von der guten Speise". Im Anschluss wird dieses Rezept in frei übersetzter Form dargestellt.

„Wer guten Met machen will, erwärme sauberes Wasser so weit, so dass er noch die Hand hineinhalten kann. Man nehme jeweils zwei Maß Wasser und ein Maß Honig. Mit einem Stab umrühren und das Ganze eine Weile setzen lassen. Dann seihe man es durch ein sauberes Tuch oder ein Haarsieb in ein sauberes Fass ab. Sodann siede man es gegen eine Ackerlänge hin und zurück und entferne den Schaum mit einer durchlöcherten Schale. Der Schaum bleibt in der Schale zurück, aber nicht die Flüssigkeit. Danach gibt man den Met in ein sauberes Fass und decke es ab, damit der Dampf nicht hinaus kann, solange, bis man seine Hand hineinhalten kann. So nehme man dann einen Messbecher und fülle ihn halb voll mit Hopfen und mit einer Handvoll Salbei und siede das gleichzeitig mit dem Met gegen eine halbe Meile**. Und gibt es dann in den Met und nimmt eine halbe Nuss*** frischer lebender Hefe und gibt es ebenfalls hinein, mischt es durch, dass es vergärt. So decke es zu, so dass der Dampf hinaus kann, einen Tag und eine Nacht. So filtere dann den Met durch ein sauberes Tuch oder durch ein Haarsieb. Und fülle ihn in ein sauberes Fass und lasse es drei Tage und drei Nächte gären und fülle es jeden Abend um, danach lasse man es abermals in Ruhe und schütze es vor dem Eindringen von Hefe und lasse es acht Tage liegen, dass es sich setzt, und fülle es allabendlich um. Danach fülle man es in ein geharztes, abgedichtetes Fass und lasse es acht Tage voll liegen und trinke es innerhalb der nächsten sechs oder acht Wochen. Dann ist er am allerbesten."*

* **Ackerlänge:** Da es keine Uhren gab, wurde die Zeitspanne für die Fußstrecke einer Ackerlänge herangezogen.

** **½ Meile:** wiederum eine Zeitangabe; wie lange man benötigt, um diese Fußstrecke zu gehen.

*** **½ Nuss:** Mengenangabe – soviel wie in eine halbe Nussschale passt.

In unseren Breiten entwickelten sich ca. 1000 n. Chr. bedeutende Lebzeltereien, wie die bei Nürnberg, Straubing, Braunschweig etc., in denen auch Met erzeugt wurde. Eine eigene Behörde überwachte Erzeugung und Qualität des Lebkuchens wie des Honigweines.

In „Meyers Konservationslexikon" aus dem Jahre 1890 steht unter „Met" (Honigwein) Folgendes:

„Geistiges Getränk, welches aus Honig, Wasser und Gewürzen bereitet wird, etwa 17 Proz. Alkohol, Zucker, Mannit, organische Säuren etc. enthält und besonders in England, den ostflämischen Ländern sowie in einigen honigreichen Gegenden Deutschlands, indes nicht mehr so allgemein wie früher, getrunken wird. Der Met ist dem Traubenwein vergleichbar, er kann aber giftig sein, wenn der Honig aus giftigen Pflanzen stammte. Zur Herstellung von Met löst man Honig in Wasser, kocht auf, schäumt ab, setzt Hopfen, unter Umständen auch Obstsaft, Kardamom, Galgantwurzel, Koriander und Muskatnuß zu und kocht nocheinmal auf. Die Flüssigkeit wird dann auf ein Faß gebracht, nach dem Abkühlen mit Hefe angestellt und nach vollendeter Gärung auf ein anderes zu verspundendes Faß gebracht, in welchem der Met mehrere Monate lang liegen bleibt, worauf er auf Flaschen gezogen wird. Guter Met wird bei langem Lagern dem Madeira ähnlich.
Met war schon den Griechen und Römern bekannt und bildete nach Pytheas im 4. Jahrhundert vor Christus das gewöhnliche Getränk der nordischen Bevölkerung. Auch im 8. Jahrhundert nach Chr. war Met in den Ostseeländern Nationalgetränk und wird dort noch heute getrunken. In Nordasien, Südafrika, Äthiopien und auf Madagaskar wird Honig ebenfalls zur Bereitung eines berauschenden Getränkes benutzt."

BRAUCHTUM UND MET IN ÖSTERREICH, DEUTSCHLAND UND DER SCHWEIZ

Met ist seit jeher ein wertvolles Genussmittel gewesen und hat daher auch im Brauchtum einen hohen Stellenwert. In unseren Breiten kannte man das „Metsieden" seit dem Mittelalter. In den darauffolgenden Jahrhunderten bis ins 20. Jahrhundert hinein war Met ein wichtiges Getränk bei festlichen Veranstaltungen; dort wurde er in erster Linie von Frauen getrunken.

Anlass zum gemeinsamen Mettrinken gaben Feiertage wie die vorösterlichen Beichttage („Menscher-" und „Weiberbeichttag"), die Karwoche, der Palmsonntag, der Kirchweihtag, Fronleichnam, der Sonnwendtag, Weihnacht und die Erntezeit. Met war auch fixer Bestandteil jeder Wallfahrt und bei Hochzeiten. In England trank die Braut einen Monat nach der Hochzeit Met, um die Fruchtbarkeit zu steigern. Ein Brauch, der sich über die Zeit hinweg nicht erhalten hat, im Ausdruck „honeymoon" (Flitterwochen) aber uns allen bekannt ist.

In vielen Häusern wurde der Met selbst bereitet, meist aber wurde er gewerbsmäßig von den Lebzeltern hergestellt. Es gab Zeiten, da wurde selbst in Bayern mehr Met als Bier getrunken. Met sieden und

Witham
1179
Friary
Friary Vintners Meads
TRADITIONAL MEAD
500 ml e
14% abv
another quality product from
Friary Vintners Limited
Witham Friary, Frome,
Somerset, BA11 5HD

ausschenken durfte nach der Zunftordnung in Bayern nur der Lebzelter.

Josef Leuchtmüller, ein Linzer (Österreich) Lebzelter, schreibt in seinem „Rezeptbuch de anno 1699“:

„Merket: die Metsiederei kostet zwar viel Sorgfalt, aber der Gewinn ist immer beachtlich und kann sich oft mit dem messen, der uns aus der Lebzelterey zukommt“.

Zur Aufbewahrung bzw. zum Transport dienten zinnerne „Metpitschen“. Arbeitete kein Lebzelter an einem Ort, so brachten. Marktfahrer („Metkramer“) den Met, die einen Marktstand oder eine eigene Methütte aufstellten. Aber auch Wirtshäuser und Konditoreien schenkten Met aus.

Außer dem üblichen Mettrinken aus Gläsern wird auch über die Verwendung von „Metsemmeln“ berichtet (E. Burgstaller, „Met im oberösterreichischen Brauchtum“, 1956). Man nahm dazu im Innviertel die glatte Paarsemmel, nicht die Kaisersemmel, höhlte diese mit den Fingern aus, goss den gekauften Met in die Aushöhlung und verschloss sie mit der Semmelscholle wieder. Dann trug man sie nach Hause. Wenn das Ganze vom Met durchtränkt war, aß man die Semmel. In der Regel aber wurde der Met mit Lebkuchen oder zusammen mit Krapfen genossen.

Zur Sonnwend- und zur Getreideschnittzeit wurde an manchen Orten in Oberösterreich die Metsuppe hergestellt. Dazu wurden gezuckerte Weißbrotschnitten oder Lebkuchen mit heißem Met übergossen. Zur Erntezeit aß man diese Metsuppe im Glauben an die vorbeugende Wirkung des Mets gegen das so gefürchtete Kreuzweh, das beim Getreideschnitt auftrat.

Mit Mohn vermengt, hat man aus Honig die begehrte „Mete“ oder „Mölse“ hergestellt, mit der man Krapfen übergossen und Kleinkindern zum Saugen gegeben hat, damit sie schlafen.

Aus Tirol ist bekannt, dass es um 1860 in Pflaurenz bei St. Lorenzen einen „Metar“ gegeben hat, der aus Honig, Wasser und Kräutern Met gemacht hat. Das Bienenvolk wurde durch Schwefeldämpfe getötet – auf dem Misthaufen oder in einer Grube –, die Waben wurden herausgeschnitten, mit Wasser langsam aufgekocht und abgekühlt; Honig und Wasser hat man getrennt, und der zurückgebliebene Honig wurde durch ein feines Sieb passiert. Noch in der Mitte des 19. Jahrhunderts wurde das „Traunsteiner Bier“, eine Mischung aus Bier und Met, in den Gasthäusern ausgeschenkt.

Nach: Maier-Bruck, Franz, Vom Essen auf dem Lande. Verlag Kremayr & Scheriau, Wien 1981

EINFLUSSFAKTOREN AUF DAS GESCHMACKSBILD DES HONIGWEINES

Die Meterzeugung ist im Grunde sehr einfach: Der klassische Honigwein besteht nur aus Honig und Wasser. Es gibt dazu auch keine „Produktionsgeheimnisse“, nur unterschiedliche Wege, wie man an das Ziel gelangt. Grundvoraussetzungen für ein fehlerfreies Produkt sind: die Honigsorte, die Trägerflüssigkeit, die Gärung, die Gewürze, der Alkoholgehalt, der Restzucker- und Säurewert sowie die stabile Flaschenfüllung. Für ein geschmacklich rundes Ergebnis müssen Alkoholgehalt, Säurewert und Restzuckergehalt in einem harmonischen Verhältnis stehen.

Honig

Jede Honigsorte ergibt ein anderes Geschmacksbild – meist werden jedoch Blütenmischhonige verwendet, auch sortenreine Honigweine wie z. B. Lindenhonigmet werden angeboten. Es gibt in diesem Sinne keine Honigsorte, die nicht für die Meterzeugung geeignet wäre.

Generell eignet sich jede Honigsorte dazu, Met herzustellen.

Trägerflüssigkeit

Wasser, Fruchtsaft oder auch Wasser-Fruchtsaft-Mischungen werden als Trägerflüssigkeit verwendet. Je höher der Fruchtsaftanteil, desto stärker wirkt der Fruchtcharakter des verwendeten Saftes auf den Honigwein. Gerne wird Kirschsaft oder aber auch Apfelsaft verwendet. Der klassische Honigwein wird nur mit Wasser hergestellt.

Gärung

Wenn es ein Geheimnis in der Meterzeugung gibt, dann im Bereich der Gärung und Gärführung. Wie schafft man es, den vorhandenen Honig so zu vergären, dass es zu keiner Fehlgärung kommt und Gärstockungen vermieden werden? Soll man nach Rezepten der Jahrhundertwende arbeiten oder sich dem Wissen der modernen Gärtechnik anvertrauen?

Gewürze

Oftmals werden Gewürze dazu verwendet, um unangenehme Geschmacksrichtungen des vorhandenen Honigweines zu überdecken. Generell sollte mit Gewürzen sparsam umgegangen werden, außer es besteht die Absicht, einen kräftigen Gewürzmet zu erzeugen. Der Fantasie sind bei der Wahl der Gewürze keine Grenzen gesetzt, es entscheidet die Nase und der Gaumen des Konsumenten, ob eine Kreation gelungen ist.

Alkoholgehalt

Je höher der Alkoholgehalt, desto haltbarer ist das Produkt. Nachteilig wirkt sich ein zu hoher Alkoholgehalt auf den Gaumen aus, der Met wirkt brandig und entwickelt eine leichte alkoholische Dominanz. Alkoholarme Honigweine wirken flach und kurz am Gaumen. Der Restzucker tritt durch einen geringeren Alkoholgehalt stärker in den Vordergrund – die Süße dominiert.

Restzucker

Die Restzuckerwerte liegen im Allgemeinen zwischen 80 und 140 g pro Liter, bei Alkoholwerten um die 12 bis 13 % vol. Honigweine, welche am Gaumen trocken erscheinen, weisen durch den unvergärbaren Mehrfachzucker noch immer Werte zwischen 10 und 20 g pro Liter auf. Trotzdem erscheinen solche Honigweine sensorisch durchgegoren, da der vorhandene Mineralstoffgehalt aus dem Honig den Restzucker abpuffert.

Je höher der Alkoholgehalt, desto höher kann auch der Restzuckerwert sein, genauso gilt der umgekehrte Schluss.

Säurewert

Weder der Honig noch das Wasser bringen einen ansprechenden Säurekörper mit. Honigweine ohne Säureaufbesserung wirken sensorisch fad, matt und ohne Leben.

Abgesehen von sensorischen Auswirkungen ist eine Säureaufbesserung auch aus Gründen der mikrobiologischen Haltbarkeit vor Gärbeginn notwendig.

Stabile Flaschenfüllung

Was hilft der beste Honigwein, wenn dieser in der Flasche zu gären beginnt, sich mikrobiologisch ändert oder wenn Inhaltsstoffe wie Eiweiß bei längerer Flaschenlagerung ausflocken? Ziel ist es daher, einen Honigwein abzufüllen, der auch bei längerer Lagerung in der Flasche stabil bleibt.

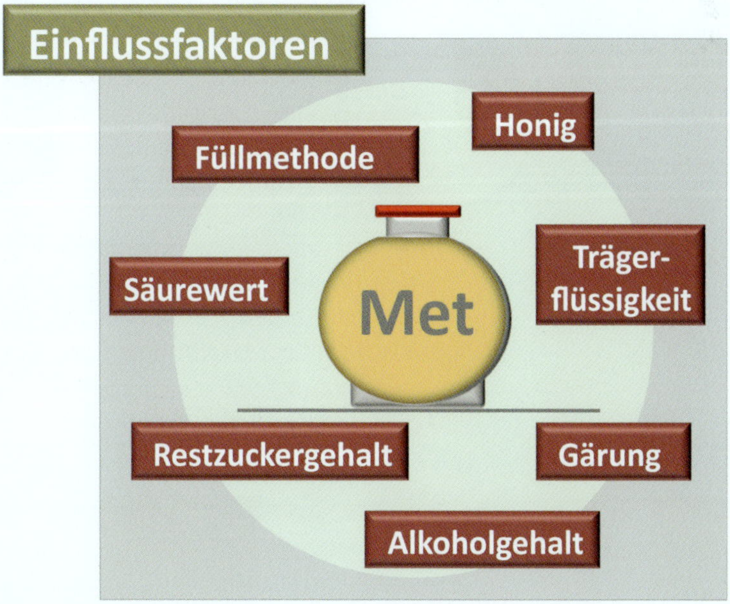

Foto: Karin Ch. Taferner

METKUNDE FÜR DEN KLEIN-PRODUZENTEN

DER EINFACHSTE WEG ZUM EIGENEN MET

Dieses Kapitel ist für den Kleinproduzenten gedacht, welcher für seinen Eigenbedarf Kleinstmengen bis 50 Liter erzeugen möchte. Schönungsmittel und Filteranlage stehen im Regelfall nicht zur Verfügung, sodass wir in diesem Fall meist leicht trübe Produkte erhalten.

Grundausstattung zur Metbereitung

Met – eine Kurzanleitung

Die Herstellung ohne Schönungsmittel und Filteranlage ist der Metqualität grundsätzlich nicht abträglich, es muss aber damit gerechnet werden, dass sich die Trubbestandteile im Laufe einer längeren Lagerung am Flaschenboden absetzen und es zu optischen Einbußen kommt. Meist werden solche Honigweine nicht in Flaschen gefüllt, sondern anlässlich von Festveranstaltungen direkt aus dem Fass konsumiert. Als Gefäße dienen Glasballons oder kleine Kunststofffässer. Ist ein klares Getränk erwünscht, so sind im Handel auch Kleinfilteranlagen, wie sie auch zur Destillatfiltration verwendet werden, zu finden.

Was	Warum
Besorgen Sie sich am besten von ihrem nahegelegenen Imker 3 kg Honig Ihrer Wahl.	Von Ihrem Imker erhalten Sie Honig in bester Qualität.
Erwärmen Sie den Honig im Wasserbad auf 40 °C.	Der Honig wird flüssig – wertvolle Inhaltsstoffe bleiben aber erhalten.
Mischen Sie den Honig mit 7 l warmem Wasser.	Dieses Mischungsverhältnis ergibt bei einer vollkommenen Vergärung des Zuckers einen Alkoholgehalt von ca. 13 bis 14 % vol.
Lassen Sie die Honig-Wasser- Mischung auf 20 °C abkühlen – diese Mischung ergibt ca. 9 l Met (1 kg Honig hat ein Volumen von 0,7 l)	20 °C ist die ideale Temperatur, um anschließend die Reinzuchthefe einzurühren.
Mischen Sie 20 g Zitronensäure ein.	Der Säurewert steigt – dadurch wird der Gäransatz widerstandsfähiger gegen Bakterieninfektionen und der fertige Met schmeckt durch die Säuregabe frischer.
Geben Sie nun 4 g eines Kombinationshefenährstoffes bei (enthält alle wichtigen Nährstoffe zur Hefeernährung wie N, P und Vitamine).	Nur eine optimale Ernährung der Hefe ergibt auch eine saubere Gärung.
3 g vorgequollene Trockenreinzuchthefe beigeben.	Die Hefeernährung und die Hefewahl sind die entscheidenden Punkte in der Metbereitung. Wir benötigen eine gärkräftige Hefe mit einer hohen Alkoholleistung.

Was	Warum
Verschließen Sie den Behälter mit einem Gärrohr, welches Sie zuvor mit Wasser befüllen.	Gärgase können entweichen, während der Sauerstoff aus der Luft nicht eindringen kann.
Lichtgeschützt lagern und achten Sie auf eine gleichbleibende Gärtemperatur von ca. 18 °C.	Eine zu hohe Gärtemperatur ergibt Alkohol- und Aromaverluste – eine zu geringe führt zu Gärstockungen.
Nach zwei bis drei Wochen wird die Gärintensität nachlassen – mit einem Kochlöffel können Sie vorsichtig umrühren.	Dies belebt die Hefe, die Gärintensität wird nochmals gesteigert, der noch vorhandene Zucker kann gänzlich vergären.
Wenn die Gärung nun endgültig stoppt (nach weiteren 2 Wochen) muss der Met von der abgesetzten Hefe getrennt werden – am einfachsten wird er vorsichtig in ein neues Gefäß geleert und das Hefedepot zurückgelassen.	Bleibt der Met auf der Hefe liegen, führt dies unweigerlich zu schwerwiegenden Krankheiten wie „Mäuseln“ oder zu einem Hefeböckser.
Ist die Gärung optimal abgelaufen, so weist der Met um die 13 % vol. Alkohol auf und schmeckt am Gaumen wenig süß.	Sollte Ihnen der Met nach der Gärung zu wenig süß erscheinen, so können Sie durch eine nochmalige Honigzugabe den optimalen Restzuckergehalt einstellen.
Durch eine nochmalige Honigzugabe erhalten Sie den optimalen Restzuckergehalt. Dazu erwärmen Sie den Honig Ihrer Wahl, lösen ihn in einer kleinen Metmenge und rühren ihn anschließend vorsichtig ein.	Sollte der Met nach der Zugabe des Honigs wieder in Gärung geraten, so ist dies kein Nachteil. Der Alkoholgehalt wird steigen und die eingestellte Restsüße wieder abnehmen. Ein neuerliches Abziehen von der entstandenen Hefe wird aber vonnöten sein.
Die Honigmenge kann je nach Geschmack bis 700 g betragen – je höher, desto süßer wird Ihr Met schmecken.	Am besten Sie geben den Honig vorsichtig unter ständigem Kosten des Metansatzes bei – so erhalten Sie den optimalen Restzuckergehalt.
Durch die Gärung und die neuerliche Honigzugabe wird der Met noch trüb sein. Einem Trinkgenuss steht aber nichts mehr im Wege. Sollte der Met zu lasch erscheinen, kann mit Zugabe von 10 bis max. 20 g Zitronensäure kompensiert werden.	Der Met ist fertig, jedoch noch trüb, durch eine längere Lagerung setzen sich Trubbestandteile (Hefe) vermehrt ab – der Met wird klarer. Ein nochmaliges Umfüllen trägt zu einer besseren Klärung bei.

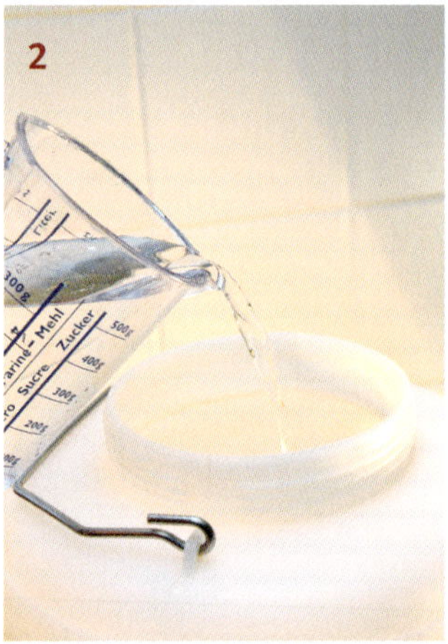

Bild 1: 3 kg Honig werden im Wasserbad auf 40 °C erwärmt.

Bild 2: 1 l heißes Wasser wird in den Gärbehälter vorgelegt.

Bild 3: Der erwärmte Honig wird in heißem Wasser aufgelöst.

Bild 4: 6 l kaltes Wasser werden beigegeben und mit dem Fassinhalt vermischt.

Bild 5: Die Ansatzlösung weist nun einen Zuckergehalt von ca. 21 °KMW auf.

Bild 6: 20 g Zitronensäure und 4 g Hefenährstoffe werden in einer kleinen Menge Met gelöst und anschließend in den Metansatz eingerührt.

Bild 7: 3 g vorgequollene Trockenreinzuchthefe beigeben.

Bild 8: Gärbehälter mit einem Gärrohr verschließen. Gärdauer ca. 2–3 Wochen bei 18 °C. Im Normalfall werden 13–14 % vol. Alkohol erreicht.

Bild 9: Nach beendeter Gärung wird der vergorene Met vom Hefedepot getrennt.

Bild 10: Blick auf das Hefedepot am Fassboden

Bild 11: Je nach Belieben kann der Met mit bis zu 700 g Honig und bis zu 20 g Zitronensäure geschmacklich abgerundet werden. Durch den hohen Alkoholgehalt dürfte der Met nicht mehr zu gären beginnen.

Bild 12: Der Met ist nun fertig, aber trüb. Nach längerer Lagerung im vollkommen gefüllten Behälter setzen sich die Trubbestandteile zusehends am Boden ab. Will man einen klaren Met erzielen, muss dieser geschönt und filtriert werden. Näheres dazu in den weiteren Kapiteln.

Die Wahl des Honigs beeinflusst maßgeblich den Geschmack und die Qualität des Mets. Das blumige und süße Aroma von Blütenhonig ist eine gute Wahl für leichte, fruchtige Mets. Waldhonig eignet sich für kräftigere, vollmundigere Honigweine. Regionale Imker helfen Ihnen, den richtigen Honig auszuwählen.

Foto: Karin Ch. Taferner

DIE KLEINPRODUKTION

Honigauswahl

So vielfältig Honig sein kann – so vielfältig spiegelt sich dies im Geschmacksbild von Met wider.

Grundsätzlich ist jede Honigsorte geeignet – wie überall im Leben ist es letztendlich eine Frage des Geschmackes. Es gibt aber einzelne Sorten, welche einen ausgeprägten Eigengeschmack ergeben und so den Met besonders stark beeinflussen. Mischhonig aus Raps und Robinie ergibt einen Met mit einer zarten fruchtigen Note, welcher nicht derb erscheint und beim Konsumenten eine hohe Akzeptanz hat. Sonnenblumen- und Waldhonige ergeben einen breiten Körper, zum Teil wuchtig, und sind kräftig am Gaumen.

Besteht die Absicht, Gewürzmet oder Met mit Fruchtsäften zu mischen, spielt die Honigwahl eine geringere Rolle – die Gewürze und der Saft sind dann die geschmacksprägenden Komponenten.

Metansatz

Aus dem Zucker im Honig entsteht durch die Gärung Alkohol. Je höher der Zuckeranteil im Honig-Wasser/Fruchtsaft-Gemisch ist, desto höher wird der Alkoholgehalt sein, desto länger aber auch die Gärdauer.

> Um sich ein nachträgliches Aufsüßen des vergorenen Mets zu ersparen, wird ein Mischungsverhältnis von 2 l Wasser mit 1 kg Honig empfohlen.

Die Gärdauer wird aber durch die hohe Zuckerkonzentration erheblich verlängert. Bei Verwendung einer gärkräftigen Hefe können bis ca. 14 % vol. Alkohol erreicht werden; es bleibt ein harmonischer Restzuckergehalt nach der Gärung bestehen.

In alten Rezepten wird der Metansatz gekocht, vorhandene Wildhefen inaktiviert, der Met wird dadurch zähflüssiger, Eiweiß-

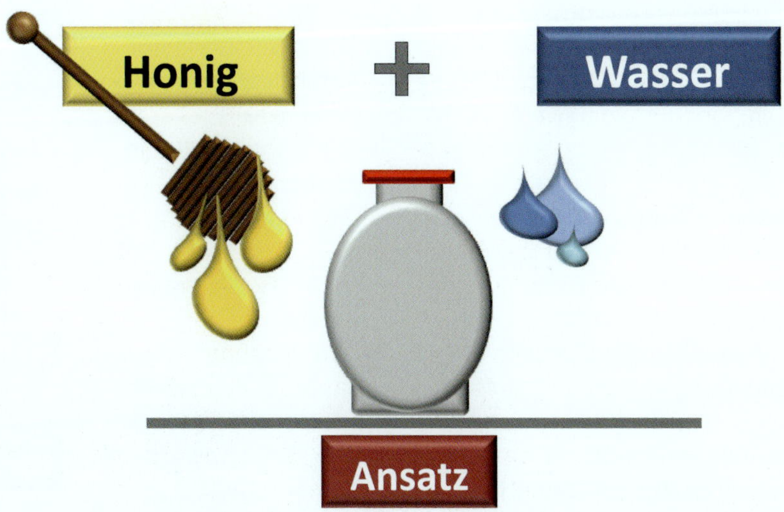

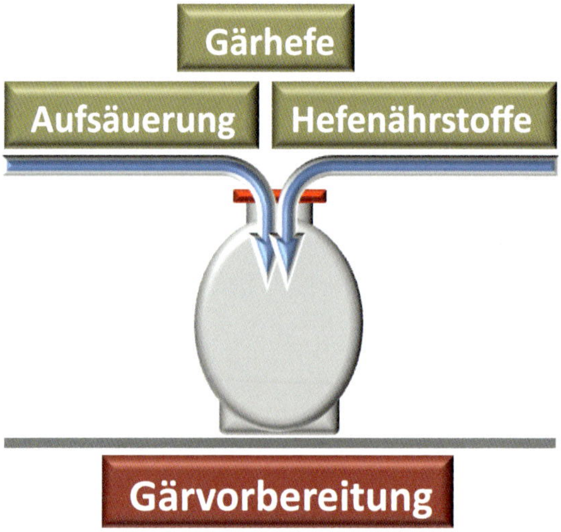

stoffe schon vor der Gärung vollkommen ausgeschieden und die Farbe wird durch die Karamellisierung dunkler. Grundsätzlich ist ein „Kochen" des Metansatzes nicht notwendig.

Gärvorbereitung

Eine gewissenhafte Gärvorbereitung ist Grundvoraussetzung für einen optimalen Gärverlauf. Um eine reintönige Gärung zu erreichen, sind unbedingt ein rascher Gärstart sowie eine zügige Gärung anzustreben.

Zur Gärvorbereitung gehören eine gärkräftige Reinzuchthefe von 25 g auf 100 l sowie eine ausreichende Hefenährstoffgabe (40 g/100 l).

Da das Wasser-Honig-Gemisch keine natürlichen Säuren enthält und dadurch

1. am Gaumen lasch und fad wirkt
2. ein hoher pH-Wert gegeben ist,

welcher die optimale Grundlage für die Vermehrung von unangenehmen Mikroorganismen wie Essig-, Milch- und Buttersäurebakterien darstellt, ist die Zugabe von flüssiger Milchsäure (240 ml/100 l) oder 200 g/100 l an Zitronensäure notwendig.

Gärung

- Die ideale Gärtemperatur liegt zwischen 17 und 20 °C.
- Die Gärung sollte innerhalb von 24 Stunden beginnen.
- Das Fass wird mit einem Gärspund verschlossen.
- Die Gärung muss laufend überwacht werden (Verkostung, CO_2-Entwicklung, Temperatur).

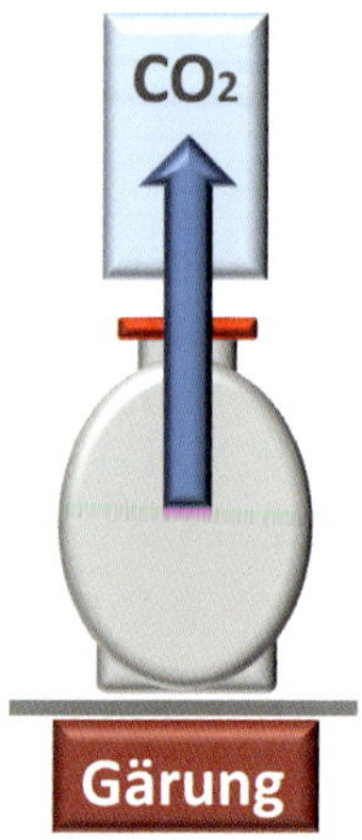

Abzug nach Hauptgärung

Im Gegensatz zu anderen Getränken muss der Met noch während der auslaufenden Gärung zum ersten Mal vom entstandenen Hefedepot abgezogen werden. Darunter versteht man den Prozess, bei dem der Honigwein von den festen Rückständen (z. B. abgestorbenen Hefen), die sich nach der Hauptgärung am Boden des Gärbehälters abgesetzt haben, getrennt wird. Einfach gesagt: Die Flüssigkeit wird in einen zweiten Gärbehälter umgefüllt, die abgesetzte Hefe bleibt im ersten Gärbehälter. Wird dies versäumt, besteht große Gefahr, dass das Getränk durch Bakterieninfektionen verdirbt.

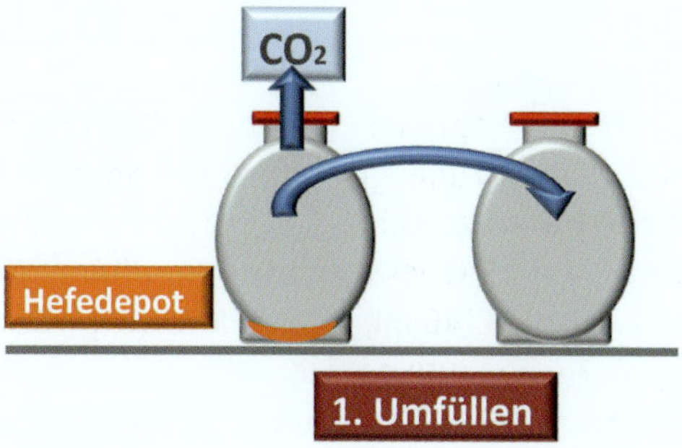

Abzug nach beendeter Gärung

Nach der stürmischen Hauptgärung und dem ersten Abtrennen des Honigweines von der abgesetzten Hefe (wird auch als „Abstich" oder „Abzug" vom Hefegeläger bezeichnet) erfolgt eine oft wochenlang dauernde Nachgärphase, wobei nur mehr geringe Mengen an Kohlendioxid gebildet werden. Der Gärspund (Gärrohr) „hüpft" nur mehr gelegentlich. Bleibt dies vollkommen aus, ist der Met wiederum umzuziehen. Entsteht bei der Verkostung der Verdacht auf eine negative geschmackliche Beeinflussung, so ist der Met schon früher vom Geläger zu ziehen.

Je nach dem Mischungsverhältnis von Honig zu Wasser, der verwendeten Reinzuchthefe und den Gärbedingungen ist mehr oder weniger Restzucker aus der Gärung übrig geblieben. Meist stellt der Met nach der Gärung ein Rohprodukt dar, das durch Gewürze oder nachträgliche Honigzugabe verfeinert werden kann.

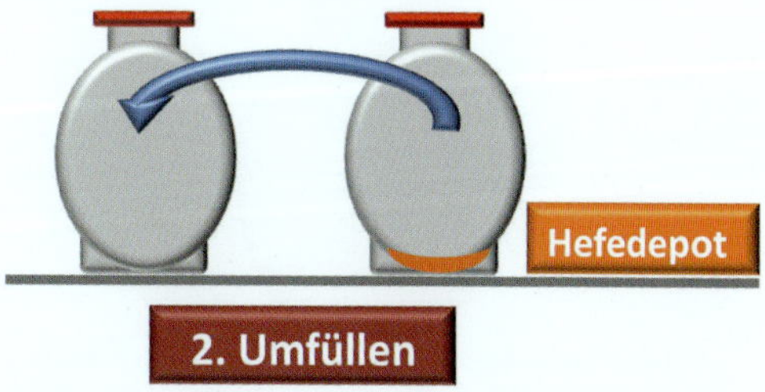

Restzuckereinstellung

Empfindet man den übriggebliebenen Restzucker als zu unharmonisch und zu gering, so kann dies mit einer nachträglichen Honigzugabe (am geeignetsten sind geschmacksintensive Blütenhonige) ausgeglichen werden. Durch die erneute Honigzugabe wird aber auch der Alkoholgehalt gesenkt. Fällt dieser unter 12,5 % vol., besteht die Gefahr einer neuerlichen Gärung. Sollte dies der Fall sein, ist der nachgesüßte Honigwein raschest zu klären (Bentonitschönung plus anschließende Filtration) und danach mit 65 °C (Flaschenkerntemperatur) in die Flasche zu füllen. Durch diese Temperatureinwirkung werden Hefezellen abgetötet und eine Nachgärung wird verhindert.

Filtration

Für kleine Mengen sind Schnapsfilter geeignet. Mit Hilfe einer Handpumpe, die einen Überdruck erzeugt, wird der Met durch Zelluloseschichten gedrückt. Trubbestandteile bleiben daran haften. Je nach Schichtenwahl erfolgt eine gröbere bzw. feinere Filtration. Eine Schönung erleichtert diesen Vorgang.

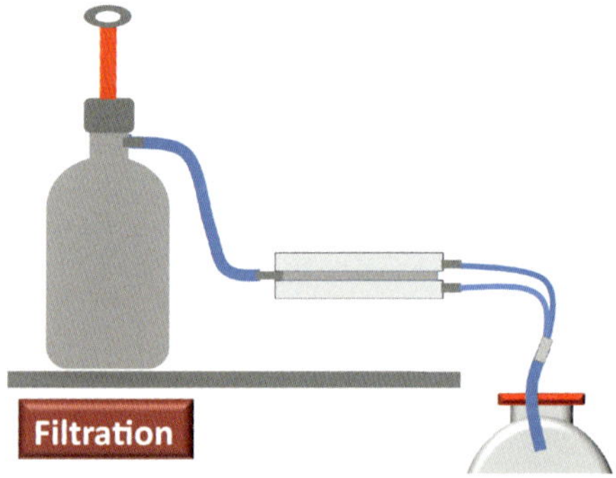

Schwefelung

Um Oxidationen und die unerwünschte Vermehrung von negativen Mikroorganismen zu verhindern sowie Gärnebenprodukte abzubinden, sollte nach Gärende eine Schwefelgabe (Kaliumpyrosulfit; KPS) von 1,2 g auf 10 l gegeben werden (genaue Waage notwendig).

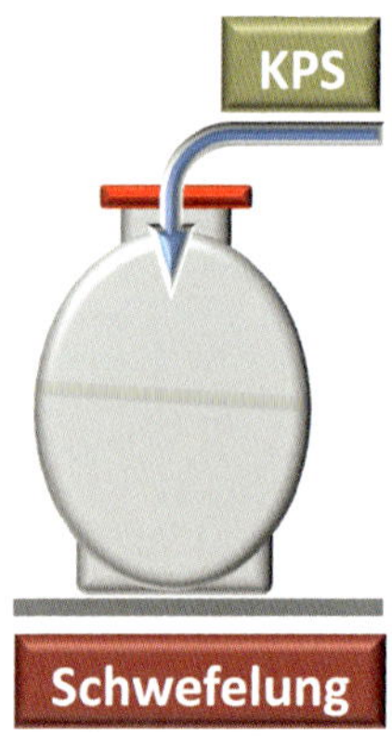

Gewürze

Alte Rezepte geben über dieses Kapitel der Metbereitung anschaulich Aufschluss. Über die Zusammensetzung der Gewürze sind dem Einfallsreichtum keine Grenzen gesetzt.

Ob direkt zum Met gegeben oder in Leinensäcken eingehängt, ob vor oder nach der Gärung oder während der Reifelagerung zugesetzt, ist ebenfalls dem Imker überlassen.

Als Grundsatz sollte gelten:
Wenn überhaupt, sollen Gewürze harmonisch ergänzen und nicht dominieren!

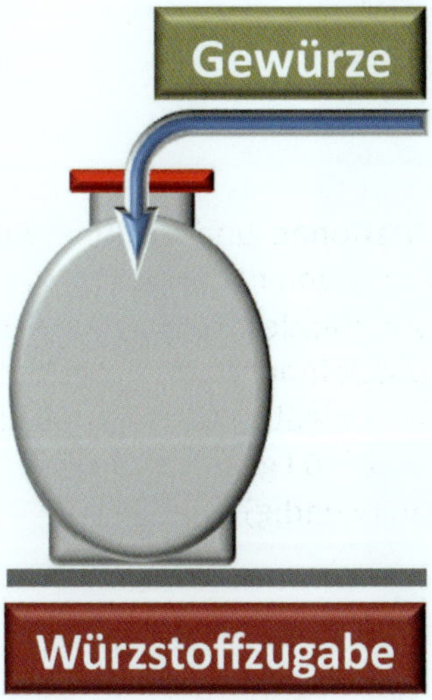

Reifelagerung und Flaschenfüllung

Met, der einen hohen Alkohol- und Restzuckergehalt aufweist, kann durch eine längere Lagerung an Harmonie gewinnen. Durch die Verwendung von gesunden Eichenfässern kann ein zusätzlicher Reifeeffekt (Reifelagerung) wie eine farbliche Anreicherung eintreten. Die ideale Lagertemperatur liegt zwischen 10 und 15 °C.

Entscheidend für die Wahl der Füllmethode sind der Alkohol- und der Restzuckergehalt des Honigweines.

ZIEL IST:

Den Met so in die Flasche zu füllen, dass es zu keiner Nachgärung kommen kann!

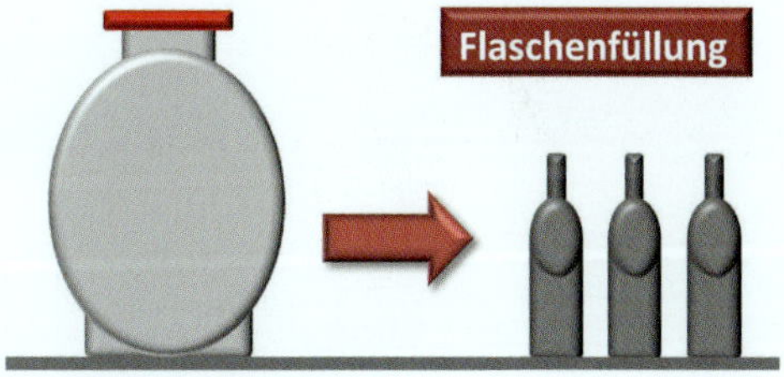

MET
AUS

DIE GROSSE MET-KUNDE

ALLGEMEINE METHODENBESCHREIBUNG

Methoden der Metherstellung	
Lange Gärphase	**Kurze Gärphase**
enges Mischungsverhältnis Honig : Wasser/Fruchtsaft	weiteres Mischungsverhältnis Honig : Wasser/Fruchtsaft
(hoher Zuckergehalt) in der Ansatzlösung	(geringer Zuckergehalt) in der Ansatzlösung
durch hohen Zuckergehalt ■ langsamer Gärbeginn ■ lange Gärdauer ■ geringer Alkoholgehalt ■ hoher Restzuckergehalt	durch geringen Zuckergehalt ■ rascher Gärbeginn ■ kurze Gärdauer ■ hoher Alkoholgehalt ■ vollkommenes Durchgären
	Jedoch: nachträgliche Restsüßeeinstellung notwendig

Lange Gärphase

Diese stellt die traditionelle Herstellungsweise dar. Zu Beginn wird ein Honig-Wasser- und Fruchtsaft-Gemisch mit einer so hohen Zuckerkonzentration angesetzt, dass es der Hefe unmöglich ist, diese vollkommen in Alkohol umzuwandeln. Die Hefe kann im Allgemeinen nur bis zu ca. 14 % vol. Alkohol bilden. In Ausnahmefällen können auch höhere Alkoholgehalte erzielt werden. Die Hefe geht an ihrem eigenen Produkt, dem Alkohol zugrunde.

Die große Metkunde

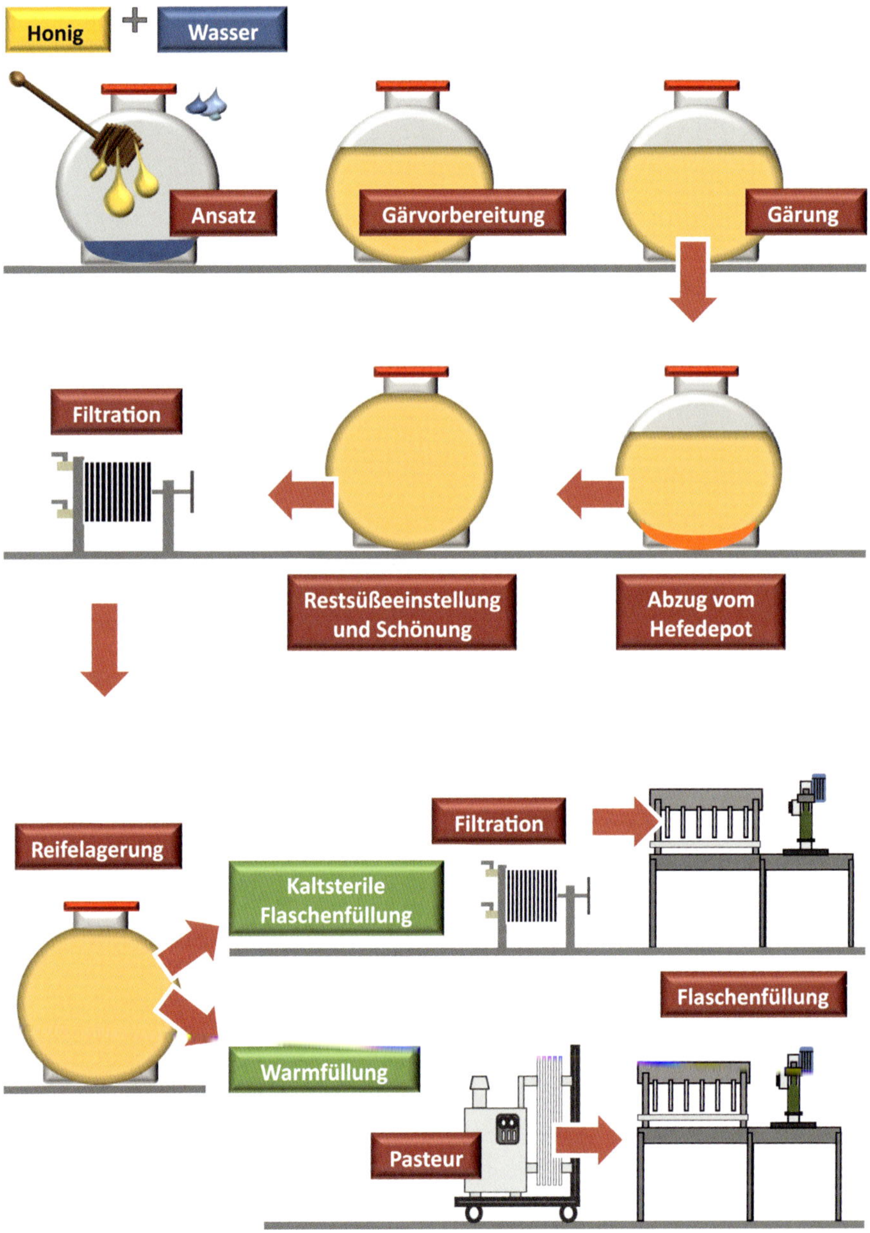

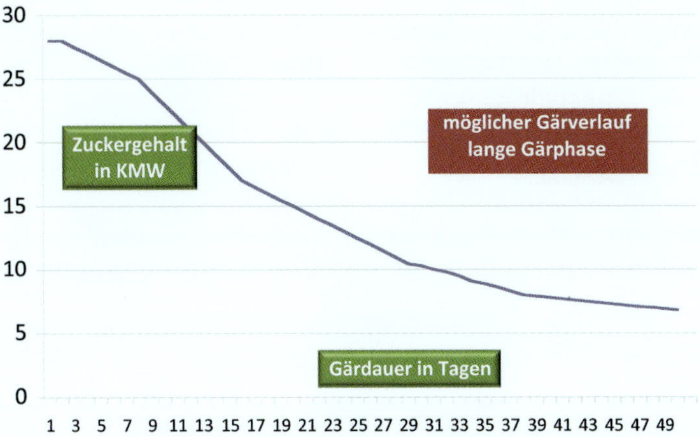

Eine hohe Zuckerkonzentration in der Ansatzlösung verlängert die Gärung.

Betrachtet man alte Rezepte, so liegt der Zuckerwert oft so hoch, dass um die 18 bis 20 % vol. Alkohol gebildet werden könnte. Diese hohe Zuckerkonzentration hemmt die Hefe in ihrer Angärphase und auch während der Gärung. Meist entsteht ein Alkoholwert um die 10 % vol. mit einem enorm hohen Restzuckergehalt. Die Gärdauer beträgt ein halbes Jahr und länger. Die Höhe der Restsüße lässt sich kaum steuern, sodass es meist ein Zufallsprodukt, abhängig von der verwendeten Hefe, wird.

Neben den bereits erwähnten Nachteilen darf aber auf die Vorteile nicht vergessen werden:

- Solche Honigweine müssen nicht mehr nachgesüßt werden – sie bestehen aus einem Guss.
- Eine mögliche Nachgärung in der Flasche ist höchst unwahrscheinlich, eine keimarme Flaschenfüllung ist ausreichend.

Kurze Gärphase

Die Zuckerkonzentration des Wasser-Honig-Gemisches ist so abgestimmt, dass die Hefe sie vollkommen vergären kann und dadurch kaum ein Restzucker nach der Gärung übrig bleibt. Erst kurz vor der Flaschenfüllung wird nach Vorversuchen eine genaue Restsüßeeinstellung vorgenommen.

Diese Methode eröffnet viele Vorteile:

- Rasche Gärung: dadurch geringeres Risiko einer Fehlgärung bzw. Bakterieninfektion
- Von Metcharge zu Metcharge kann ein gleichbleibender Restzuckergehalt angeboten werden.
- Aus einem Grundmet können unterschiedliche Metarten mit differierenden Restzuckergehalten (lieblich, süß, etc.) hergestellt werden.

Aber auch Risken sind zu bedenken:

- Ist der Alkoholgehalt des Grundmets nach der Gärung zu gering (unter 13 % vol. Alkohol), besteht die Gefahr eines neuerlichen Gärbeginns nach der Restsüßeeinstellung.
- Der Kleinproduzent sollte solche Honigweine generell „warm“ (Pasteurisation) in die Flasche füllen – der größere Betrieb wird die „kaltsterile Flaschenfüllung“ wählen (siehe Kapitel: „Flaschenfüllung“).

Da diese Methode die Möglichkeit eröffnet, die Metchargen geschmacklich aufeinander abzustimmen, wird diese gerne von Betrieben verwendet, welche die Metbereitung als eigenen Betriebszweig führen.

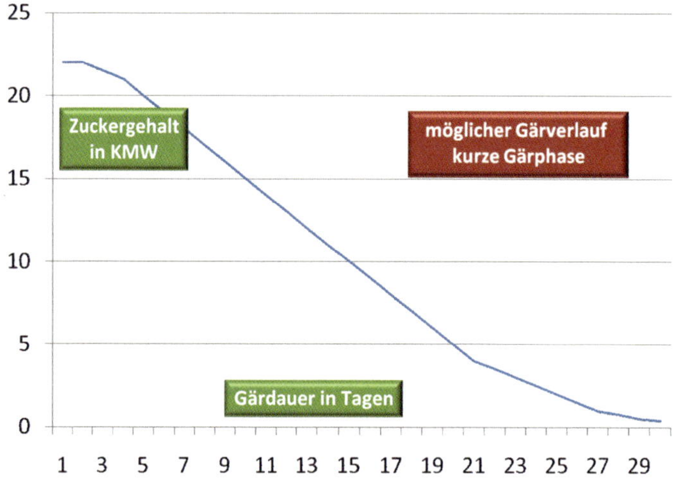

Bei einem Zuckergehalt von 22 °KMW (= 110 °Oe) ist die Gärung nach etwa 30 Tagen beendet.

AUSGANGSWARE

Für die Metbereitung kommt als Trägersubstanz entweder Wasser oder Fruchtsaft oder ein Fruchtsaft-Wasser-Gemisch in Frage. Die Wahl der Trägersubstanz hat natürlich einen ebenso großen Einfluss auf die Geschmacksbildung wie die Wahl des Honigs.

Will man klassischen reinen Honigwein produzieren, so wird die Wahl auf Wasser fallen. Andernfalls ist der reine Geschmack des Honigs, je nach Höhe des Fruchtsaftanteiles, mehr oder weniger beeinflusst.

Bei der gänzlichen Ersetzung des Wassers durch, zum Beispiel Apfelsaft, wäre – strenggenommen – das Endprodukt kein Honigwein, sondern ein Honigfruchtwein bzw. Honigwein mit Fruchtsaft.

Das Wasser

Alte Rezepte verlangen vom Wasser, dass es „weich“ ist, also einen geringen Kalkgehalt aufweist, und raten daher zur Verwendung von Regenwasser. Aus hygienischen Gründen (Kot von Vögeln, Staub, Umweltgifte) ist heute die Verwendung von Regenwasser zur Metbereitung nicht mehr anzuraten. Da ein Metproduzent bei der Wahl des Wassers nur wenige Möglichkeiten hat, wird er auf normales Leitungswasser, welches den Lebensmittelbestimmungen entspricht, zurückgreifen. Die Verwendung von destilliertem Wasser ist ebenso kritisch zu betrachten, da dieses Wasser nur für die Anwendung im technischen Bereich (Bügeleisen, Autobatterien ...) zugelassen ist und nicht als Lebensmittel eingestuft wird.

Nach eigenen Versuchen an der Imkerschule Warth ist festzustellen, dass die Wahl des Wassers nur geringen Einfluss auf die Endqualität hat. Viel wichtiger als die Qualität des Wassers sind eine saubere Gärung und eine sorgfältige Weiterverarbeitung bis zur Flaschenfüllung.

Der Fruchtsaft

Die Verwendung von Fruchtsaft als Trägersubstanz hat nicht nur Einfluss auf den Geschmack, sondern auch auf das Gärverhalten. Da frisch gepresste Fruchtsäfte Trubstoffe und damit anhaftende Hefenährstoffe wie Stickstoff-, Phosphorverbindungen und Vitamine enthalten, müssen diese nicht gesondert zugesetzt werden. Häufig wird auch ein bereits gärender Fruchtsaft, der zuvor mit Reinzuchthefe angesetzt wurde, dem Honig-Wasser-Gemisch beigegeben; so erfolgt ein rascher Gärstart.

Werden rote Fruchtsäfte verwendet, so verleihen diese dem Met eine rötliche Farbe, wie eben beim „Wikingerblut" der Kirsch- bzw. Weichselsaft. Einen weiteren Vorteil stellt die vorhandene Fruchtsäure der Säfte dar. Der Säurekörper ist ein wichtiger Bestandteil der geschmacklichen Harmonie, aber auch der Haltbarkeit. Eine zusätzliche Säuerung des Metansatzes kann dadurch zum Teil eingespart werden.

Vorteile bei der Verwendung von Fruchtsaft als Trägersubstanz:

- geringere Gärprobleme
- rascher Gärstart
- höherer Säureanteil

Der Honig

Grundsätzlich eignen sich für die Metbereitung alle Honigsorten. Da aber die Metbereitung eine Veredelungswirtschaft sein soll, empfiehlt es sich, Honige zu verarbeiten, die in großer Menge vorhanden sind und einen geringen Verkaufspreis erzielen. Es wäre wirtschaftlich nicht sinnvoll, Waldhonig zu verarbeiten, da sich dieser am

Blütenhonig eignet sich gut für die Restsüßeeinstellung.

Markt einer guten Nachfrage erfreut und einen hohen Verkaufspreis erzielt. Sortenreine Honigweine bereichern allerdings die Produktpalette.

Aber auch Problemhonige, mit einem zu hohen Wassergehalt oder einmal überhitzte Honige, lassen sich mit einer richtigen Vorbehandlung zu Met verarbeiten. Für die Restsüßeeinstellung nach der Gärung ist die Wahl des Honigs besonders wichtig. Hier sollten Honige verwendet werden, die dem Met sein typisches Aroma verleihen. Geschmacksintensive Blütenhonige wären empfehlenswert.

Einzig bereits in Gärung befindliche Honige können für diesen Zweck nicht verarbeitet werden, da der Honig durch den Gärbeginn einen leicht sauren Stich erhält und sich dies auf den Met unangenehm auswirkt.

Im Anschluss einige beliebte Honige für die Metbereitung:

Lindenhonig

Er gehört zu den aromareichsten Honigsorten. Die zart bittere Note wird mit feinen Zitrusanklängen unterstrichen. Im Duft finden wir den typischen Lindengeruch wieder. Dieser Honig eignet sich hervorragend für einen trockenen Metausbau. Er spiegelt durch den trockenen Ausbau nicht den typisch süßen Met wider und spricht dadurch den Liebhaber von Sherry und Co. an. Eine Rarität, die von Kennern geschätzt wird.

Robinienhonig (Akazie)

Die weißblühende Robinie liefert den Nektar für den in der Farbe sehr hellen Robinienhonig. Der Zucker liegt bei diesem Honig ausschließlich als Fruchtzucker vor. Als alleiniger Honig für die Metbereitung ist er weniger geeignet, da der daraus gewonnene Met sensorisch eher dünn und fragil erscheint. Als Mischungspartner mit anderen Honigen ist er aber vorzüglich geeignet.

Besonders problematisch ist es, wenn sortenreiner Akazienmet hergestellt werden soll. Der Zucker liegt im Akazienzhonig als reiner Fruchtzucker vor, welcher von den Hefen schwieriger zu vergären ist als Traubenzucker. Reiner Akazienhonig ist sehr hell, enthält auch wenig Pollen, und somit gibt es wenig Möglichkeiten für die Hefe, sich anzuhaften, wodurch es trotz bester Hefeernährung durch Hefenährsalze zu einer schleppenden Gärung kommen kann. Diese Probleme können weitgehend vermieden werden, wenn der Akazienhonig mit einem trüben Fruchtsaft angesetzt wird (siehe Kapitel „Zucker“).

Waldhonig

In vielen gebirgigen Regionen die einzig erntbare Honigsorte – oft auch in Mischung mit etwas Blütenhonig. Er stellt auch durch seinen kräftigen würzig-malzigen Geschmack den Lieblingshonig der meisten Konsumenten dar. Durch die geringen Erntemengen ist dieser Honig auch zu einem hohen Preis absetzbar. Für den Produzenten von Met ist hier ein höherer Materialwert in die Kalkulation einzusetzen. Auch als Met tritt er in diese Fußstapfen und liefert einen dunklen, sehr kräftigen Honigwein.

Sonnenblumenhonig

Für die Bienen stellt die Sonnenblumentracht das Ende ihrer arbeitsintensiven Sommertracht dar.

Der Honig daraus hat eine kräftig gelbe Farbe, welche vom Pollen der Blüte stammt. Durch die Gärung und die anschließende Klärung setzen sich die Pollen am Fassboden ab und der Met erscheint um vieles heller. Im Geruch erkennen wir den harzigen Ton des Sonnenblumenhonigs wieder, welcher durch den kräftigen Geschmack wettgemacht wird. Sowohl als sortenreiner Met als auch in der Mischung ein idealer Honig für die Metbereitung.

Frühjahrsblütenhonig

Frühblüher wie Löwenzahn, Huflattich, Taubnessel, Ahorn, Wildkirsche und die gesamte Palette der Obstbäume spenden den Nektar für den etwas helleren, zart gelben Honig. Für den klassischen Met ist dieser Honig die optimale Wahl. Die feinen Nuancen des Honigs, gepaart mit einem schön eingebundenen Säurekörper, lassen den Gaumen des Metkenners erfreuen.

Inhaltsstoffe von Honig

Neben den unterschiedlichen Zuckerarten wie Fructose, Glucose, Saccharose, Maltose und Melizitose, die mit bis zu 80 % aufscheinen, kommen ca. 16 bis 19 % Wasser vor. Die restlichen Anteile nehmen Aminosäuren, Aroma- und Mineralstoffe ein.

Säuren

Die im Honig enthaltenen Säuren (Glucon-, Essig-, Butter-, Milch-, Citronen-, Ameisen-, Malein-, Oxalsäure) stechen geschmacklich nicht besonders hervor, da sie durch Mineralstoffe und Zuckerarten gepuffert und gebunden sind. Durch die Gärung werden diese Säuren aber abgespalten, das vergorene Getränk weist dann einen angenehmen Säuregeschmack auf. So konnte bei der Metbereitung an der Imkerschule Warth im Wasser-Honig-Gemisch ein pH-Wert von 6,0 und nach beendeter Gärung ein Wert von 3,3 festgestellt werden. Dieser pH-Abfall ist –vereinfacht gesagt – auf die Abspaltung des Zuckers von den Säuren zurückzuführen.

Zucker

Um die Eigenart der Meterzeugung verstehen zu können, ist es notwendig, sich mit der Zuckerzusammensetzung des Ausgangsmaterials des Honigs näher zu beschäftigen.

Anders als bei der Trauben- oder Obstweinerzeugung, bei der der Zucker ein reiner Einfachzucker (Trauben- und Fruchtzucker) ist, sind im Honig neben den Einfachzuckern auch Doppel- und Mehrfachzucker zu finden.

Auch ist die Verteilung Traubenzucker zu Fruchtzucker, je nach Honig-art, sehr unterschiedlich. Reiner Robinienhonig enthält nur Fruchtzucker, während reiner Rapshonig überwiegend aus Traubenzucker besteht. Da jedoch die Hefe den Traubenzucker rascher zu Alkohol vergärt, gibt es bei Honigweinen, die überwiegend aus Robinienhonig bestehen, immer wieder hartnäckige Gärprobleme. Seit kurzer Zeit sind im Handel auch fructophile Hefen zu finden, welche speziell für solche Situationen selektiert wurden.

WAS ENTHÄLT DER BIENENHONIG?*

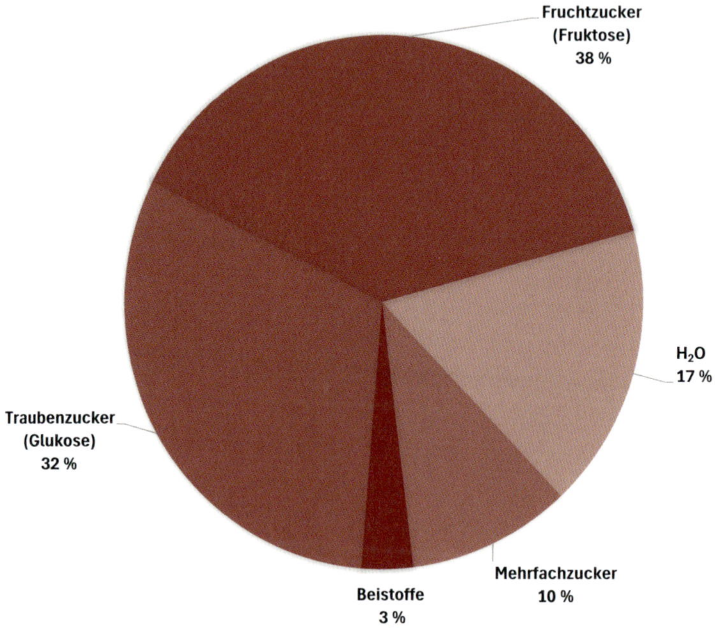

Aminosäuren
Leucin/Isoleucin
Asparaginsäure
Glutaminsäure
Phenylalanin
Threonin
Histidin
Arginin
Alanin
Glycin
Cystin
Prolin
Lysin
Valin
Serin

Hormone
Acetylcholin
Wuchsstoffe

Inhibine
osmotische Kräfte
Arbutin
Wasserstoffsuperoxid
Penicillin B
weitere Bakterizide,
teils empfindlich,
teils unempfindlich
gegen Hitze
und Licht

Duftstoffe
50 Duftstoffe
Isobutyraldehyd
Formaldehyd
Acetaldehyd
Diacetyl
Aceton
usw.

Fermente
Glucose-Oxidase
Phosphatase
Invertase
Diastase
Katalase

Vitamine
Nikotinamid
PP-Faktor
Pantothensäure
Ascorbinsäure
(= Vitamin C)
Thiamin (B1)
Riboflavin (B2)
Pyridoxin (B6)
Biotin (H)
Folsäure

Mineralien
Magnesium
Kieselsäure
Phosphor
Schwefel
Natrium
Calcium
Silicium
Mangan
Kalium
Kupfer
Chlor
Eisen

Säuren
Pyroglutaminsäure
Phosphorsäure
Zitronensäure
Ameisensäure
Glukonsäure
Succinsäure
Buttersäure
Milchsäure
Apfelsäure
Essigsäure
Salzsäure

* Die Prozentangaben sind Durchschnittswerte

Wie bereits geschildert, unterscheidet sich – je nach Honigsorte – die Zuckerzusammensetzung:

- Fructose 25–45 %
- Glucose 20–40 %
- Saccharose bis zu 5 %
- Maltose 4–14 %
- Mehrfachzucker bis zu 15 %

Mehrfachzucker – Melezitose

Der Grund für die unterschiedliche Zuckerzusammensetzung des Honigs liegt in dessen Ausgangsstoff, dem Nektar der unterschiedlichen Pflanzen bzw. dem Honigtau. So können Honigtauhonige einen sehr viel höheren Anteil an Mehrfachzucker aufweisen. Für den Imker stellt ein solcher Melezitosehonig große Probleme dar, da dieser bereits in der Wabe kandiert und sich daher nicht aus der Wabe schleudern lässt.

WICHTIG!

Nur Einfachzucker sind durch die Hefe voll vergärbar. Zweifachzucker werden über Enzyme zuerst zu Einfachzuckern abgebaut und können anschließend vergoren werden.

Je höher der Anteil an Mehrfachzuckern ist, desto mehr Restzucker wird im Met übrigbleiben.

Diese Tatsache ist oft ein Grund dafür, dass Met – obwohl zum Beispiel nur auf 12 % vol. Alkohol eingestellt – nicht durchgären konnte, auch wenn alles für eine optimale Gärung getan worden ist.

Dieser Restzucker, der aus Mehrfachzuckern besteht, kann – da er nicht vergärbar ist – in der Flasche auch zu keiner Nachgärung und somit zu keiner Eintrübung des Honigweines führen.

Problemhonige

Zu hoher Wassergehalt des Honigs

Junge, unreife Honige können unter Umständen einen zu hohen Wassergehalt aufweisen; sie verstoßen gegen die geltenden Verordnungen, außerdem besteht die Gefahr einer Gärung im Gebinde. Eine Verarbeitung ohne Erhitzung ist nicht ratsam, da es sonst zu einer Fehlgärung kommt. Durch die Erhitzung dieser Honige auf 70 bis 80 °C (Wasserbad, Backrohr, Wärmeschrank) werden die vorhandenen Wildhefen inaktiviert und der Weiterverarbeitung zu Met steht nichts mehr im Wege.

Zu hoher HMF-Wert

Durch ungünstige Lagerbedingungen (zu hohe Temperatur) kann der HMF-Wert (Hydroxymethylfurfural) über die geltenden gesetzlichen Bestimmungen steigen. So bietet sich auch hier wieder die Möglichkeit der Verarbeitung zu Met an, da durch die Verdünnung des Honigs mit Wasser beim Ansatz der HMF-Wert gesenkt wird.

Melezitosehonig

Eine Melezitosetracht ist beim Imker aus vielen Gründen gefürchtet. Diese Tracht lässt sich schwer ausschleudern und ist beim Konsumenten wegen der starken Kristallbildung nicht beliebt. Mit Hilfe eines Wachsschmelzers kann der Melezitosehonig auf relativ einfache Art eingeschmolzen und dann zu Met weiterverarbeitet werden.

Die Melezitosewaben werden im Wachsschmelzgerät erhitzt, verflüssigt und so von der Wabe und vom Wachs getrennt. Dabei erreicht der Honig eine Temperatur von bis zu 90 °C. Da die meisten Wachsschmelzgeräte mit Wasserdampf arbeiten, kommt es auch zu einer stärkeren Wasseranreicherung (bis zu ca. 25 % Wassergehalt).

Dieser heiße, dünnflüssige Melezitosehonig wird gesiebt und kann nun problemlos zur Metbereitung weiterverarbeitet werden: Er wird mit Wasser auf die gewünschte Zuckerkonzentration eingestellt, mit Reinzuchthefe und Hefenährstoffen versetzt und zur Gärung gebracht.

Die Methode, Melezitosewaben über mehrere Stunden mit warmem Wasser auszulaugen, ist wegen der großen Gefahr einer Spontangärung bzw. einer Bakterieninfektion noch während der Auslaugphase nicht geeignet.

Durch die hohe Wärmebelastung

- werden Fremdhefen abgetötet
- kommt es durch die Vermalzung des Zuckers zu einer intensiveren Braunfärbung
- werden auch interessante Inhaltsstoffe inaktiviert
- erhält der Met eine breite malzige Note.

Da aber andere Möglichkeiten zur Verwertung des Melezitosehonigs arbeitsaufwändig wie fragwürdig (Verfütterung) sind, bietet sich diese oben beschriebene Methode am besten an.

Aus hygienischen Gründen dürfen nur unbebrütete Waben verarbeitet werden!

Melizitosewabe

Das heiße Honig-Wachs-Gemisch fließt ab.

HONIGBEDARFSBERECHNUNG

Für den Produzenten von Met bedeutet es eine enorme Arbeitserleichterung, wenn er die Honigmenge für seinen Metansatz durch eine kurze Berechnung bestimmen kann. So kann er genau sagen, wieviel Honig er benötigt, wenn er zum Beispiel 200 l Met mit den erwünschten 14 % vol. Alkohol erhalten will.

Je nachdem, ob ein Met mit höherem oder niedrigerem Alkoholgehalt und Restzuckergehalt erzielt werden soll, ist mehr oder weniger Honig zu verwenden.

Mit den folgenden einfachen Berechnungen ist es möglich:

- den Honigbedarf für einen Metansatz und
- den ungefähren Endalkoholgehalt bei vollkommener Vergärung zu berechnen.

Diese Berechnungen sind Richtwertberechnungen, wissenschaftlich nicht ganz genau, da mit Faustzahlen gerechnet wird, aber für den Praktiker ausreichend.

Um diese Berechnungen durchführen zu können, müssen folgende Daten bekannt sein:

1. Pro kg Honig sind ca. 800 g Zucker vergärbar.
2. 1 kg Honig nimmt ca. 0,7 Liter ein.
3. 1 l Apfelsaft enthält im Durchschnitt 100 g Zucker.

Zuerst sollte sich der Produzent im Klaren sein, welchen rechnerischen Endalkoholgehalt er in seinem Metansatz erreichen will. In dem oben erwähnten Beispiel will der Imker 200 l Met ansetzen, der einen Alkoholgehalt von 14 % vol. erreichen soll.

Berechnung des Honigbedarfs

14 % vol.	x 19*	= 266	x 200	= 53200	: 800	= 66,5
erwünschter Alkoholgehalt	fixer Faktor	notwendig vergärbarer Zucker in 1 l in g	Liter fertiger Metansatz	Gesamtzuckerbedarf in 200 l in g	ca. Zuckergehalt in 1 kg Honig in g	Honigbedarf in kg für 200 l mit 14 % vol.

* **fixer Faktor:** Für die Bildung von 1 % vol. Alkohol sind ca. 19 g vergärbarer Zucker notwendig (theoretisch sind es 17 g – in der Praxis hat sich die Umrechnung mit 19 g bewährt).

Für 200 l fertigen Metansatz sind ca. 66,5 kg Honig notwendig, damit dieser, bei vollständiger Vergärung des enthaltenen Zuckers, ca. 14 % vol. Alkohol erreicht.

Setzt man anstatt der zuvor angestrebten 14 % vol. nun 16 % vol. ein, so ergibt sich folgende Rechnung:

16 % vol.	x 19*	= 304	x 200	= 60800	: 800	= 76
erwünschter Alkoholgehalt	fixer Faktor	notwendig vergärbarer Zucker in 1 l in g	Liter fertiger Metansatz	Gesamtzuckerbedarf in 200 l in g	ca. Zuckergehalt in 1 kg Honig in g	Honigbedarf in kg für 200 l mit 16 % vol.

Für 200 l Metansatz sind ca. 76 kg Honig notwendig. Diese Mischung würde theoretisch bei vollkommener Vergärung des Zuckers ca. 16 % vol. Alkohol ergeben. Da diese 16 % vol. schwer durch eine „normale“ Hefe erreicht werden, bedeutet dies, dass – je nach Vergärungsgrad – eine mehr oder minder große Restzuckermenge übrig bleiben wird.

Werden nach beendeter Gärung zum Beispiel 12,5 % vol. Alkohol festgestellt, so kann der mögliche Restzuckergehalt überschlagsmäßig folgendermaßen berechnet werden:

16 % vol.	- 12,5 % vol.	= 3,5 % vol.	x 19	= 66,6 g
Alkoholgehalt, welcher rechnerisch möglich wäre	erreichter Alkoholgehalt in % vol.	Alkohol, welcher in Form von Zucker noch übrig ist	fixer Faktor	ca. Restzuckergehalt in 1 l Met

Somit würde dies einen Met mit 12,5 % vol. Alkohol mit 66 g Restzucker pro Liter ergeben. Ein Produkt, welches nicht besonders süß erscheinen wird und zur Sicherheit aus Haltbarkeitsgründen „warm“ in die Flasche gefüllt werden sollte (siehe Kapitel „Flaschenfüllung“).

Endalkoholgehaltsberechnung

Genauso wie zuvor kann in umgekehrter Weise der mögliche Endalkoholgehalt berechnet werden.

Nehmen wir ein altes Rezept nach Herold, das 100 l Wasser und 75 Pfund (37,5 kg) Honig vorschreibt. In diesem Fall ist zu beachten, dass die 37,5 kg Honig mit 100 l Wasser gelöst werden und dadurch mehr an Volumen ergeben.

				Volumen in Liter
37,5 kg Honig	x	0,7	=	26,25
100 l Wasser				100,00
Gesamtvolumen in Liter				126,25

Der mögliche Endalkoholgehalt (bei vollkommener Vergärung) kann wie folgt berechnet werden:

37,5	x	800	=	30000	x	126,25	=	237	:	19	=	12,4
kg Honig		ca. Zuckergehalt in 1 kg Honig in g		Gesamtzuckergehalt in g		Liter fertiger Metansatz		ca. Zuckergehalt in 1 l Metansatz in g		fixer Faktor		möglicher Alkoholgehalt in % vol.

Diese Honig-Wasser-Mischung wird mit einer gärkräftigen Hefe durchgären und erreicht ca. 12,4 % vol. Alkohol.

Würde man die 37,5 kg Honig mit Wasser vermischen, sodass die Gesamtmenge 100 l Metansatz ergibt, so käme man auf einen möglichen Alkoholgehalt von:

30000 : 100 Liter = 300 : 19 = 15,7 % vol.

Diese hier beschriebenen Berechnungen sind mit sehr vielen variablen Faktoren versehen; die erzielten Werte können auf der Suche nach der idealen Metmischung nur Anhaltspunkte bieten.

Wird der Met vor der Gärung so eingestellt, dass ein hoher Alkoholgehalt entstehen würde (z. B. 19 % vol. Alkohol), so ist damit zu rechnen, dass die Gärung langsam ablaufen wird. Sie kann einige Monate dauern. Der Grund liegt an der hohen Zuckerkonzentration, die nur schwer vergärt.

Der errechnete Alkoholgehalt wird mit Sicherheit nicht erreicht, da die Hefe alkoholempfindlich ist und die Gärung bei ca. 12 bis 14 % vol. Alkohol beendet wird – der restliche Zucker bleibt als Restsüße zurück.

Durch die Verwendung von speziellen Hefen, die für eine besonders hohe Alkoholproduktion gezüchtet werden, ist es möglich, Alkoholgehalte bis ca. 17 % vol. zu erreichen.

Die zuvor beschriebene Berechnung dient nur dazu, um die Honigmenge, die verarbeitet wird, schon vorher bestimmen zu können.

Eine genaue Zuckerbestimmung in der angesetzten Honig-Wasser-Lösung ist unumgänglich. Daraus lässt sich dann der mögliche Alkoholgehalt genau errechnen.

AUFLÖSEN DES HONIGS

Honig löst sich im Wasser um vieles schneller, wenn dieser auf 40 bis 45 °C erwärmt wird. Gleichzeitig bleiben bei dieser Temperatur die wertvollen Inhaltsstoffe erhalten.

Bei Honigen, die nach dem Schleudern einen zu hohen Wassergehalt aufweisen, besteht die Gefahr, dass diese bei der Lagerung langsam zu gären beginnen. Erkennbar durch einen brotig hefigen Geruch und im fortgeschrittenen Zustand ist eine leichte Schaumbildung an der Oberfläche zu beobachten.

Um solche Honige noch risikofrei verarbeiten zu können, muss der Honig auf 70 bis 80 °C erwärmt werden.

Die bis zu diesem Zeitpunkt gebildeten Wildhefen werden durch diese Hitzeeinwirkung inaktiviert und die Gefahr einer Fehlgärung nimmt ab.

In alten Rezepten findet man oft Angaben, das Honig-Wasser-Gemisch so lange zu kochen, bis ein Hühnerei darin schwimmen kann; doch aus der Sicht der Mikrobiologie und der Gärtechnik ergibt das Kochen keinen Sinn. Natürlich werden so alle Schadorganismen abgetötet. Dies erreichen wir aber auch durch eine kürzere Erhitzungsphase. Dazu genügen 70 °C mit einer Einwirkzeit von wenigen Minuten. Da aber ein rasches Abkühlen des Honigs nicht leicht möglich ist, ist die Temperaturbelastung ohnedies länger als unbedingt nötig.

Ein längeres Kochen des Honig-Wasser-Gemisches bringt keine zusätzlichen Vorteile.

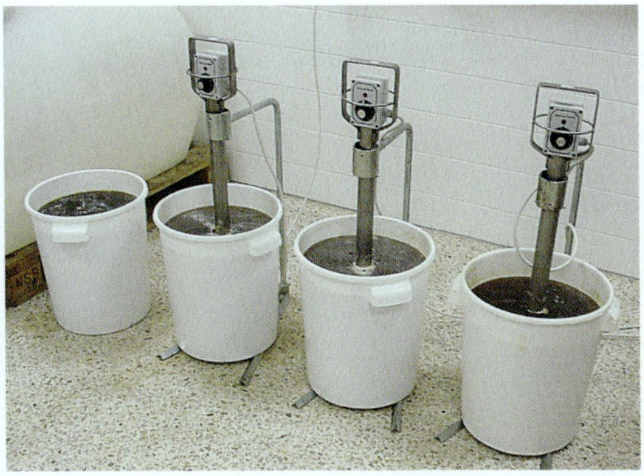

Erwärmen des Honigs mit einem Honigauftaustab

An der Oberfläche des erwärmten Honigs sammeln sich Wachs- und Schaumteilchen, die mit einer Spachtel abgeschöpft werden.

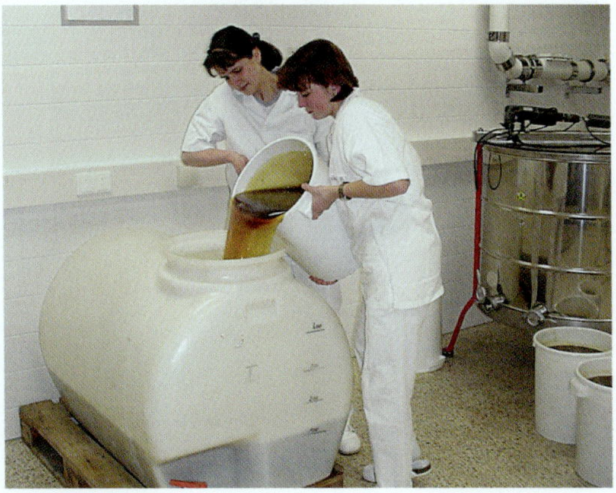

Einrühren des abgewogenen und erwärmten Honigs

Möglichkeiten der Honigvorbereitung	
Erwärmen des Honigs bei 40 °C; anschließend mit Wasser vermischen	■ Wertvolle Inhaltsstoffe bleiben erhalten ■ Leichtes Lösen des Honigs
Erhitzung des Honigs auf 70 °C; anschließend mit Wasser vermischen	■ Leichtes Lösen des Honigs ■ Einfache Arbeitsweise ■ Gefahr von Fehlgärungen durch Mikroorganismen geringer ■ ABER: Inhaltsstoffe werden zerstört
Erhitzung des gesamten Honig-Wasser-Gemisches	■ Technisch und arbeitswirtschaftlich aufwändig ■ Für kleine Mengen möglich ■ Hitzeempfindliches Eiweiß wird bereits jetzt ausgeschieden

ZUCKERBESTIMMUNG IN DER ANSATZLÖSUNG

Der Zuckergehalt kann in unterschiedlichen Einheiten angegeben werden:

°Oe (Grad Oechsle)

Dies ist die gebräuchlichste Einheit der Zuckergehaltsangabe und gibt die relative Dichte der Messflüssigkeit an. Es wird in gekürzter Form abgelesen. Bei einem Metansatz mit einer relativen Dichte von 1,078 zeigt die Oechslewaage 78° an.

°Oe x 0,13 = möglicher Alkoholgehalt

Der Saccharometer wird von „unten" abgelesen.

°KMW (Grad Klosterneuburger Mostwaage)

Grad Klosterneuburger Mostwaage ist die in Österreich meist verwendete Einheit zur Zuckergehaltsangabe und gibt den Zuckergehalt in Gewichtsprozenten an.

°KMW x 0,65 = möglicher Alkoholgehalt

Messmethoden zur Bestimmung des Zuckergehaltes

Der Saccharometer (Zuckerspindel, Zuckerwaage, Mostwaage, Oechslewaage)

Wie man sieht, gibt es viele Begriffe für ein und dieselbe Messmethode. Je geringer die Dichte einer Flüssigkeit ist, d. h. je zuckerärmer der Metansatz ist, umso tiefer sinkt die Mostwaage (Spindel) ein.

Bei der Zuckerbestimmung mit der Mostwaage ist Folgendes zu beachten:

- Die Mostwaage muss rein und trocken sein.
- Der Metansatz darf noch nicht gären.
- Die Metansatztemperatur muss mit der Eichtemperatur der Waage übereinstimmen.
- Richtiges Ablesen der Spindel (ob von oben oder unten abgelesen werden muss, ist auf der Mostwaage angegeben). Gibt es keinen Ablesehinweis, so ist unten abzulesen!

Ein sauberer Standzylinder wird mit dem zu messenden Metansatz gefüllt. Die Spindel wird nun langsam ohne Wandberührung in den Zylinder eingetaucht. Durch leichtes Drehen und Herausziehen werden anhaftende Gasbläschen entfernt. Nach Beruhigung der Messspindel kann abgelesen werden.

Refraktometer

Das Prinzip der Messung beruht auf der Lichtbrechung. Je zuckerärmer die Flüssigkeit, desto stärker wird das Licht abgelenkt. Die Prismenfläche wird mit 2 bis 3 Tropfen bestrichen (Durchschnittsprobe) und der Deckel zugeklappt. Nach dem Anpeilen einer Lichtquelle kann durch das Okular auf der Licht-Schatten-Grenze der

Metansatz mit Rührwelle und Refraktometer

Gehalt an Zucker abgelesen werden. Die Justierung erfolgt mit destilliertem Wasser bei 20 °C. Aus Gründen der Bedienungsfreundlichkeit wird ein Refraktometer mit Temperaturkompensation empfohlen, ansonsten muss der zu untersuchende Presssaft auf Eichtemperatur gebracht werden. Die Anschaffungskosten im Vergleich zur Zuckerwaage sind um ein Vielfaches höher.

Umrechnungstabelle von Zucker zu Alkohol

°KMW	°Oechsle	% vol. Alkohol
10	49	6,50
11	53	7,15
12	58	7,80
13	63	8,45
14	68	9,10
15	73	9,75
16	78	10,40
17	83	11,05
18	87	11,70
19	92	12,35
20	97	13,00
21	102	13,65
22	107	14,30
23	112	14,95
24	117	15,60
25	122	16,25

Die Alkoholausbeute aus dem Zucker hängt von vielen Faktoren ab, genauso unterschiedliche Berechnungsformeln gibt es. Diese Tabelle soll einen groben Überblick geben, welcher Alkoholgehalt theoretisch bei vollkommener Durchgärung zu erwarten ist.

Zusammenfassende Arbeitsschritte:

Schritt 1	Honig-Wasser-Menge berechnen
Schritt 2	Honig im Wasser auflösen
Schritt 3	Zuckermessung im Honig-Wasser-Gemisch
Schritt 4	Möglichen Endalkoholgehalt berechnen
Schritt 5	eventuelle Korrektur

Schon beim Ansatz sollte das Endprodukt im Vordergrund stehen: Der Zuckergehalt entscheidet über den Alkoholgehalt im fertigen Met.
Foto: Erin Ashley

GÄRVORBEREITUNG

Eine der wichtigsten Phasen der Metbereitung ist die Vorbereitung zur Gärung. Hier werden Arbeitsschritte gesetzt, die nicht mehr nachgeholt werden können – ein Punkt, der die spätere Metqualität entscheidend beeinflusst.

Die Gärvorbereitung gliedert sich in die:

- Aufsäuerung
- Hefenährsalzgabe
- Reinzuchthefeanwendung

Ziele der Gärvorbereitung:

- Rasche Angärung binnen 12 Stunden
- Zügiger Gärverlauf
- Reintönige Gärung
- Hohe Alkoholausbeute

Aufsäuerung

Wie im Kapitel „Honigauswahl" beschrieben, enthält Honig sehr viele unterschiedliche Säuren, die durch die Gärung frei werden. Trotz dieser Vielzahl an Säuren ist für eine geschmackliche Harmonie und für die Widerstandskräftigkeit gegenüber schädlichen Mikroorganismen ein Defizit gegeben.

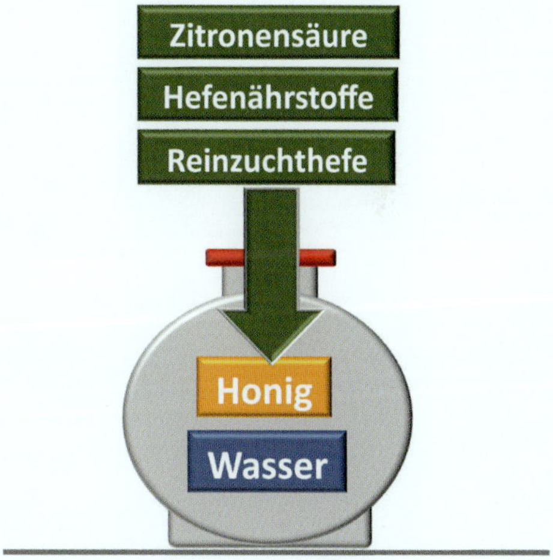

Gründe für eine Aufsäuerung:

- Das Getränk wird sensorisch positiver bewertet.
- Durch die Senkung des pH-Wertes, die gleichzeitig eintritt, kommt es zu einer Art Säureschutz, d. h. das Gärgut bzw. der Met ist vor dem Befall von Schadorganismen besser geschützt.

Der Säurewert eines Getränkes wird in g/l angegeben. Je säurereicher ein Getränk, desto haltbarer wird es auch sein. Bei einer möglichen Aufsäuerung ist es wichtig, das richtige Maß zwischen Säureschutz und Geschmacksharmonie zu finden. Eine zu hohe Säuregabe löst am Gaumen ein leichtes Kratzen, verbunden mit einer unangenehmen Schärfe aus.

Worauf ist zu achten:

- Nur Zitronensäure verwenden, die für die Weinbereitung ausdrücklich geeignet ist (Kellereibedarfshandel).
- 100 g Zitronensäure pro 100 l erhöhen den Säuregehalt um 1 g/l.
- Vergorener Met enthält, wenn nicht aufgesäuert wurde, ca. 3 bis 4 g/l.
- Angestrebt wird ein Wert von 5 bis 6 g/l.
- Zitronensäure wird zuvor in etwas Met gelöst und anschließend gut eingerührt.

Zur geschmacklichen Abrundung kann auch nach der Gärung eine Säureaufbesserung erfolgen. Maximal 3 g Zitronensäure (und nur diese) pro Liter Met dürfen in der Bundesrepublik Deutschland zugefügt werden. In Österreich dürfen auch Milch- und Apfelsäure verwendet werden.

Hefenährsalze

Als Nahrung für die Hefezellen dienen Stickstoff- und Phosphorverbindungen sowie Vitamine der B-Gruppe. Honig enthält sehr wenig hefeverfügbare Nährstoffe dieser Gruppen, somit ist die „Fütterung" der Hefe unumgänglich, um eine zügige Gärung zu erreichen.

Im Handel sind einfache Hefenährsalze, die aus Stickstoff und Phosphor bestehen, erhältlich, aber auch Komplexnährstoffe, welchen in unserem Fall der Vorzug zu geben ist. Diese bestehen aus Ammoniumsulfat, Diammoniumphosphat und Thiamin.

Die Aufwandsmengen liegen je nach Produkt um die 30 bis 50 g pro 100 l. Es wird empfohlen, die am Produkt oder am Produktmerkblatt angegebenen Höchstmengen zu verwenden.

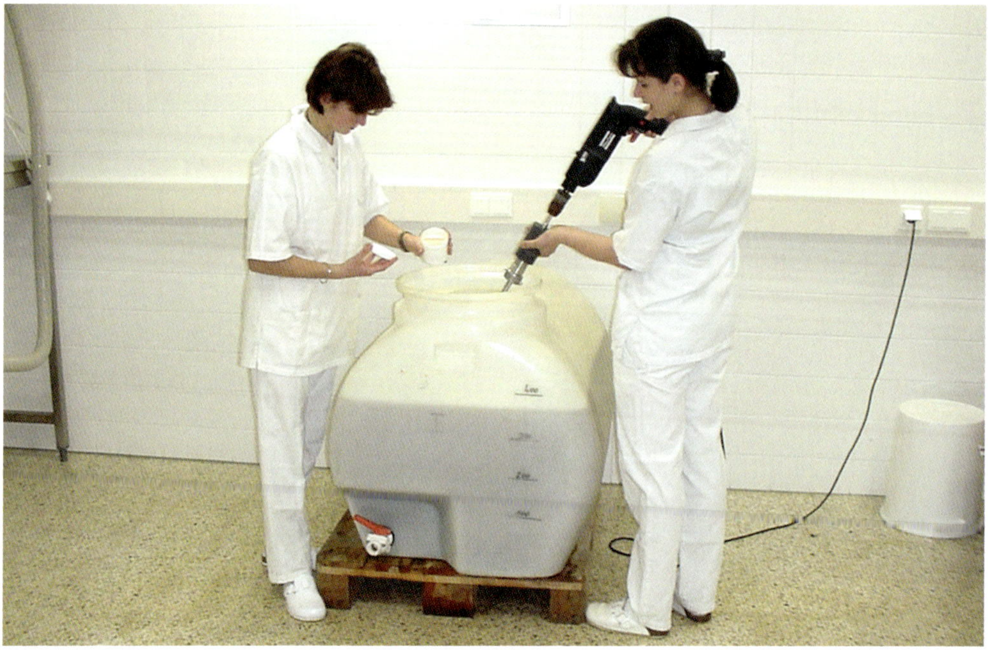

Die gelösten Hefenährstoffe werden eingerührt.

Die abgewogene Hefenährstoffmenge wird in wenig lauwarmem Wasser gelöst und noch vor der Hefe in den Gärtank eingerührt.

Reinzuchthefe

Die Gärung ist ein biochemischer Vorgang, bei dem Zucker zu Alkohol umgewandelt, und dadurch Kohlendioxid frei wird. Daneben werden noch Gärnebenprodukte, sowohl positive als auch negative, gebildet. Bei diesem biochemischen Vorgang wird Wärme frei.

Diese schematische Darstellung des Abbaues des Zuckers zu Alkohol verläuft in Wirklichkeit in vielen kleinen Einzelreaktionen ab. Für den Praktiker ist dies jedoch nicht von besonderer Bedeutung. Viel wichtiger ist es für ihn zu wissen, welche Faktoren die Gärung beeinflussen und welche Bedingungen er schaffen muss, damit die Gärung reintönig und ohne Unterbrechung abläuft.

Wir wollen eine Gärung, die:

- rasch beginnt,
- zügig ohne Unterbrechung abläuft,
- geringe Schaumbildung verursacht,
- wenig unerwünschte Gärnebenprodukte liefert („saubere" Vergärung) und
- einen hohen Alkoholgehalt bildet.

Dies erreichen wir durch:

- Zugabe von Hefenährstoffen
- Verwendung von Reinzuchthefe
- 90-prozentige Befüllung des Gärbehälters und anschließendes Verschließen mit dem Gärspund
- Gärtemperatur zwischen 18 und 20 °C.

Blick in einen Gärtank

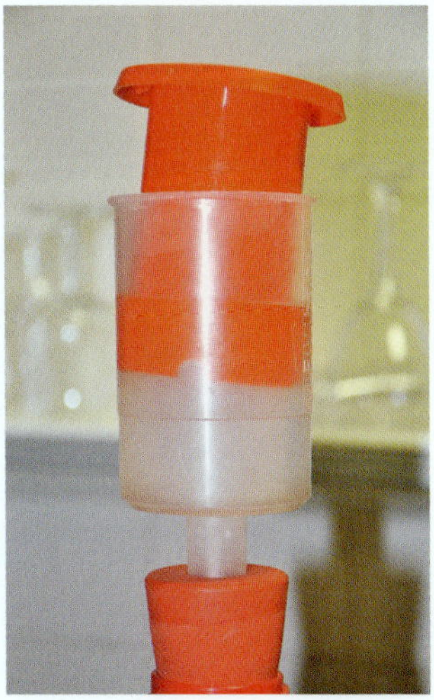

Gärrohr, mit Wasser befüllt

Hefewahl

Hefen sind Einzeller und gehören zur Gruppe der Pilze. In vielen Rezepten findet man den Hinweis auf die Verwendung von **flüssigen Hefen** wie etwa bei Sherry, Portwein, Samos, Malaga etc. Diese flüssigen Hefen sind die Vorläufer der heutigen Trockenreinzuchthefen. Die Zellzahl der flüssigen Hefen ist derart gering, dass vor der Zugabe zum Metansatz erst ein Gärstarter, also eine Vorvermehrung, erfolgen muss. Die Anwendung ist umständlich und auch das Gärergebnis nicht zufriedenstellend.

Standard in der modernen Kellertechnik ist die Verwendung von **Trockenreinzuchthefen**. Es gibt diese für jedes spezielle Aufgabengebiet. So gibt es spezielle Hefestämme für die Weißwein-, Rotwein- und Sektherstellung, aber auch für die Vergärung von Brennmaischen.

HINWEIS

Für die Vergärung von Honig mit den damit verbundenen speziellen Anforderungen hat sich die Verwendung eines gärkräftigen und alkoholtoleranten Hefestammes, wie es der *Saccharomyces bayanus* darstellt, bewährt.

Jeder Anbieter von Hefen besitzt in seinem Sortiment diesen Hefestamm und berät Sie sachkundig, damit Sie die geeignete Hefe für Ihren Betrieb finden. Die Bezeichnungen lauten: Oenoferm Freddo, Anchor N96, Bioferm Killer, Lalvin EC1118, Preziso Universal u.v.m.

Eine spezielle Form von Hefen sind „Killerhefen“. Will man weder den Honig noch das Honig-Wasser-Gemisch erhitzen, um die wertvollen Inhaltsstoffe zu schonen, so kann der Einsatz dieser „Killerhefe“ die Gefahr einer Fehlgärung eindämmen. Diese Hefen sind rasche Gärstarter und haben die Eigenschaft, Wildhefen, die bei nicht erhitzten Honigen stärker vorhanden sind, durch Toxinbildung auszuschalten. Eine absolute Sicherheit, eine Fehlgärung zu verhindern, gibt es aber nicht.

Aufwandsmengen und Anwendung

Da Met ein schwer zu vergärendes Medium darstellt, sollte die Aufwandsmenge zwischen 20 und 30 g/100 l liegen. Die abgewogene Hefe wird nicht direkt dem Ansatz beigegeben, sondern muss zuvor rehydriert werden. Dazu wird die abgewogene Hefe in die zehnfache Menge an warmem Wasser mit 35 bis maximal 40 °C eingerührt und bleibt zehn Minuten stehen. Danach gibt man eine geringe Menge des Metansatzes hinzu, rührt diese ein und lässt den Ansatz abermals zehn Minuten ruhen. In dieser Zeit beginnt sich eine Schaumkrone zu bilden und die Hefe ist nun für ihren Einsatz bereit. Durch dieses schrittweise Rehydrieren werden die Zellwände der Hefe für den Zucker durchlässig.

ZU BEACHTEN

- **Die Hefe nicht kälter, aber auch nicht wärmer als bei den angegebenen 35–40 °C ansetzen!**
- **Die Hefe nicht länger als 20 Minuten im Ansatz belassen!**

Rehydration der Hefe für 20 Liter Metansatz

Bild 1: 50 ml Wasser mit 38 °C vorlegen.

Bild 2: 4 g Hefe einrühren.

Bild 3: Max. 10 Minuten stehen lassen.

Bild 4: 50 ml des Metansatzes einrühren.

Bild 5: Nach einer nochmaligen Standzeit von 10 Minuten bildet der Hefeansatz eine Schaumkrone und kann nun in den Met eingerührt werden.

Nach unseren Erfahrungen ist folgender Arbeitsablauf zweckmäßig

1. Erhitzung des Honigs auf 40 °C (Ausnahme: Honige mit einem Wassergehalt über 19 % – hier wäre die Erhitzung auf 70 °C empfehlenswert).

2. Befüllen des Gärtanks mit heißem Leitungswasser.

3. Einmischen und Lösen des heißen Honigs.

4. Auffüllen des Gärtankes mit kaltem Wasser bis zu dem gewünschten Zuckergehalt. Oftmaliges Messen der erreichten Zuckerkonzentration ist notwendig. Gleichzeitig kühlt die Anstelllösung auf ca. 20 bis 25 °C ab.

5. Zur Gärvorbereitung gehört das Aufsäuern, die Zugabe von Hefenährstoffen und der zuvor rehydrierten Reinzuchthefe.

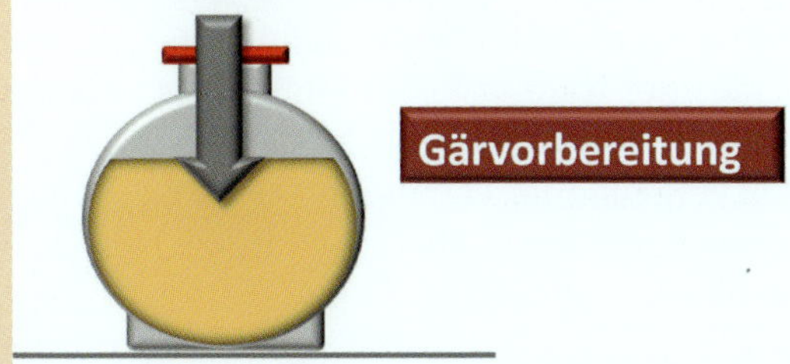

DIE GÄRUNG

Während der Gärphase kommt es zu einer grundlegenden Änderung des gesamten Getränkes. Zucker wird über mehrere Stufen zu Alkohol umgebaut, Säuren werden frei, Gärnebenprodukte wie Kohlendioxid, Acetaldehyd und andere werden gebildet. Dabei können Gärprobleme auftreten.

Die Gärüberwachung während der Gärung umfasst:

- Temperaturkontrolle (mind. 15 °C, max. 25 °C – ideal: 18 °C)
- CO_2-Entwicklung
- Laufende Verkostung
- Wechseln der Sperrflüssigkeit in der Gärglocke

Gärprobleme

Probleme	Mögliche Ursache
Met beginnt nicht zu gären	■ Keine Reinzuchthefe verwendet ■ Verwendete Hefe zu alt ■ Verwendete Hefe zu heiß angesetzt (über 40 °C) ■ Gärgut zu kalt
Gärung bleibt stecken	■ Temperatur zu gering ■ Mangel an Hefenährstoffen
Gärung verläuft zu langsam	■ Hohe Zuckerkonzentration ■ Gärtemperatur zu gering ■ Mangel an Hefenährstoffen

Für jedes Gärproblem gibt es eine Ursache. Bei Zuckerkonzentrationen über 25 °KMW (Klosterneuburger Mostwaage) bzw. 125 °Oe ist aufgrund des hohen Zuckergehaltes mit schleppendem Gärverlauf zu rechnen.

BEHANDLUNG NACH GÄRENDE

Abzug vom Hefedepot

Im Gegensatz zur Wein- oder Obstweinbereitung ist es in der Metbereitung nur bedingt möglich, mit Hilfe des „Clinitests“ das Ende der Gärung festzustellen. Bei Trauben- oder Obstweinen beträgt der Restzuckergehalt im vergorenen Getränk zwischen 1 und 10 g/l. Für diesen Bereich ist der Clinitest ausgelegt.

Bei durchgegorenem Met bewegt sich der Restzuckergehalt zwischen 10 und 25 g/l. Der Clinitest kann nur dort sinnvoll eingesetzt werden, wo es um die Frage der vollkommenen Durchgärung geht.

Um die weiteren Behandlungsschritte besser planen zu können, ist eine Alkohol- und Restzuckerbestimmung sinnvoll.

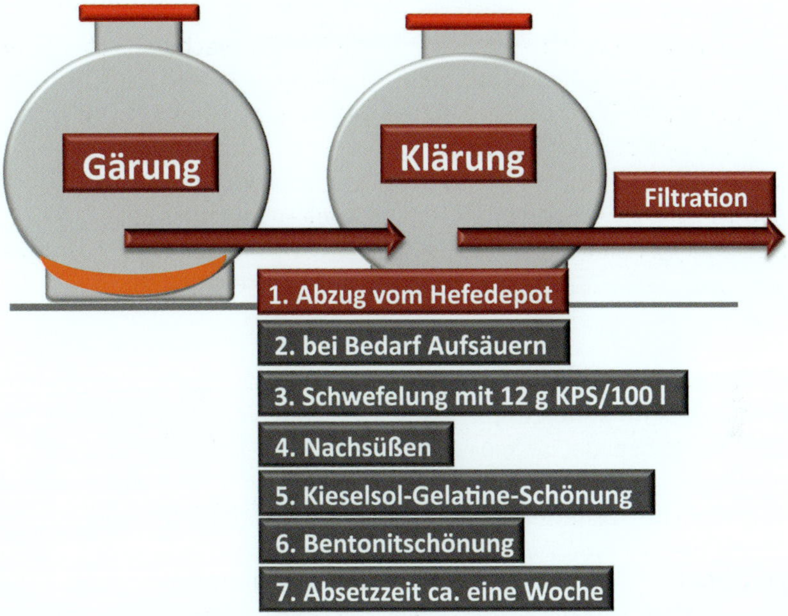

Dadurch können folgende Fragen beantwortet werden:

- Wie weit weicht der tatsächliche Alkoholgehalt vom berechneten ab?
- Liegt der Alkoholgehalt über 13,5 % vol., so braucht man eine spätere Nachgärung trotz Nachsüßung kaum zu befürchten.
- Liegt der Alkoholgehalt weit unter dem errechneten Wert bei einem gleichzeitig hohen Restzuckergehalt, so ist die Gärung steckengeblieben.
- Liegt der Alkoholgehalt unter 13,5 % vol. bei einem gleichzeitig geringen Restzuckergehalt, so liegt ein nochmaliger Gärbeginn nach dem Nachsüßen nahe.

Versäumt man von der Hefe abzuziehen, so kann dies die Ursache sein für so manchen Metfehler. Geringer Säurewert, hohe Lagertemperatur und noch vorhandenes Hefedepot sind die idealen Voraussetzungen, dass die Hefe sich zersetzt und der Met den gefürchteten Hefeböckser bekommt. Die am häufigsten vorkommende Krankheit bei Met ist das „Mäuseln". Es wird durch die oben erwähnten Voraussetzungen von Bakterien verursacht. (Näheres siehe „Krankheiten und Fehler".)

Wurde der Met vor der Gärung auf ca. 22 °KMW bzw. 110 °Oe eingestellt, würde dies bei einer vollkommenen Vergärung des Zuckers zu einem möglichen Alkoholgehalt von ca. 14 % vol. führen. Die Hauptgärung dauert 10 bis 20 Tage. Daran schließt sich die Nachgärphase mit verringerter CO_2-Entwicklung, welche wiederum 10 bis 20 Tage dauern kann.

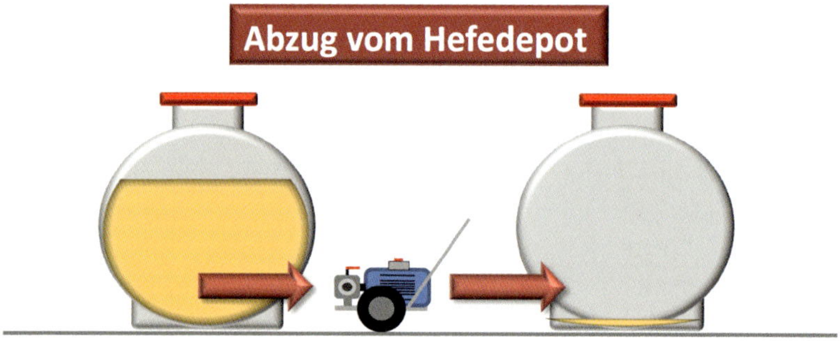

Zu welchem Zeitpunkt soll der Met von der Hefe getrennt werden? Generell gilt: Sobald die Gäraktivität beendet ist, muss der Met vom Hefedepot getrennt werden. Dazu gibt es **zwei mögliche Szenarien:**

Fall 1: **Der Idealfall**
Der Met gärt rasch mit einer Gärdauer von zwei bis vier Wochen. Die Nachgärphase ist relativ kurz und endet abrupt. Der Met schmeckt vollkommen durchgegoren. Dies wäre der ideale Zeitpunkt, den Met vom Hefedepot abzuziehen.

Fall 2: **Eine steckengebliebene Gärung**
Der Met zeigte am Beginn eine zügige Gärung. Nach einer Woche wurde es im Fass stiller und der weitere Gärverlauf verlief schleppend. Nach vier Wochen schmeckte der Met noch immer süß, bei gleichzeitig noch anhaltender leichter Gärung. Auch ein mehrmaliges Umrühren des Metansatzes und Aufwärmen führte nicht zum gewünschten Erfolg.

Jetzt heißt es handeln:
In diesem Fall wäre ein Abziehen vom bestehenden Geläger mit einer gleichzeitigen nochmaligen Hefe- und Hefenährstoffgabe ratsam. Wenn vorhanden, könnte auch ein bereits in Vollgärung befindlicher anderer Metansatz beigemischt werden. Auch die Zugabe von trübem Apfelsaft kann in solchen Fällen hilfreich sein.

Die Aufsäuerung

Zwei Parameter bilden die Entscheidungsgrundlage, ob und in welcher Höhe eine Aufsäuerung erfolgen soll:

- die Sensorik
- die Säurebestimmung

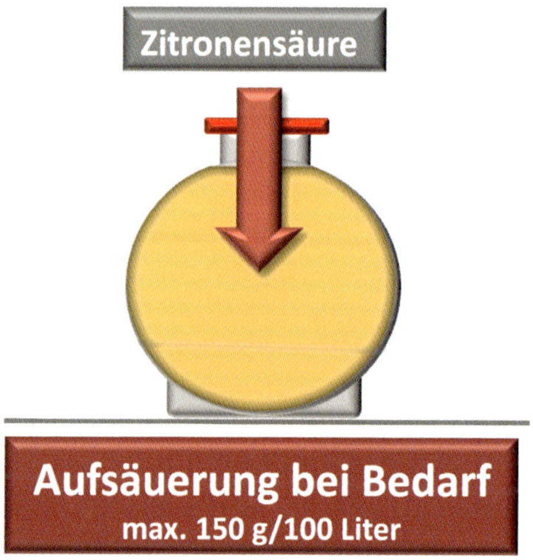

Der Säurekörper ist eine wichtige Säule der geschmacklichen Harmonie. Dieser darf nicht im Vordergrund stehen, aber auch nicht vollkommen verdrängt sein. Es liegt im Ermessen und im Feingefühl des Produzenten, das richtige Maß zu finden. Als Entscheidungshilfe kann eine Säurebestimmung dienen. Werte unter 5,0 g/l an Gesamtsäure wirken sich auch fad und lasch am Gaumen aus. Mehr als 150 g an Zitronensäure pro 100 Liter sollten nach der Gärung nicht hinzugegeben werden, da sich diese ansonsten spitz und scharf am Gaumen präsentiert.

Die Schwefelung

Schwefel bzw. dessen verschiedene Formen haben in der modernen Kellerwirtschaft einen festen Platz eingenommen. Der Schwefeleinsatz in Form von Kaliumpyrosulfit hat weniger konservierende Wirkung, sondern seine Aufgabe besteht vielmehr in der Verhinderung von Oxidationen mit den damit verbundenen negativen Auswirkungen.

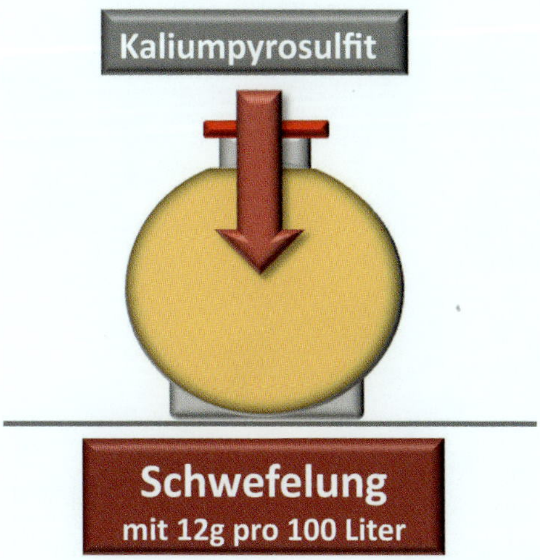

Ein ungeschwefelter Met baut rasch ab, bekommt eine matte Farbe und am Gaumen erscheint er dumpf.

Es gibt trotz intensiver Forschungsarbeiten keinen Ersatzstoff, der die unterschiedlichsten Wirkungen und Aufgaben der Schwefeligen Säure übernehmen könnte.

Aus diesem Grunde ist die Schwefelige Säure schon seit Jahrhunderten eine unentbehrliche Hilfe in der Kellertechnik. Es muss aber jedem bewusst sein, dass diese Säure in größeren Mengen gesundheitsschädlich und nur ein bewusster und gezielter Einsatz sinnvoll ist.

Schwefel wird in unterschiedlichsten Formen eingesetzt. Am bekanntesten sind Schwefelschnitten, welche zur Holzfasskonservierung verwendet werden. Als Desinfektionsmittel diente lange Zeit Schwefelige Säure in ein- bis zweiprozentiger Form, welche aber immer mehr durch Wasserstoffperoxydmittel verdrängt wird.

Aufgabe der Schwefelung des Honigweines

Zur Schwefelung des Honigweines wird Schwefel in Form von Kaliumpyrosulfit (KPS) eingesetzt. Es bindet Acetaldehyd und gelösten Sauerstoff.

Bindung des Gärnebenproduktes Acetaldehyd

Dieses Acetaldehyd wird während der Gärung gebildet und lässt den Met am Gaumen leer erscheinen. In der Kostersprache spricht man vom „Luftton“ – dieser wird durch die Schwefelung abgebunden, und der Met erscheint am Gaumen kräftiger, mit einem stärkeren Körper.

Bindung des im Getränk gelösten Sauerstoffes, wodurch

- Oxidationen verhindert werden (Braunfärbungen) und
- luftliebenden Mikroorganismen (wie z. B. Essigsäure- und Milchsäurebakterien) die Lebensgrundlage entzogen wird.

Schwefelform	Handelsform	Anwendungsbereich
Kaliumpyrosulfit ($K_2S_2O_5$) Salz der Schwefeligen Säure	in Pulverform 10 g oder 1 kg	zur Schwefelung des Honigweines
Reiner Schwefel (S)	Schwefelschnitten	zur Holzfasskonservierung; bei Verbrennung bildet sich Schwefeldioxyd (SO_2)
Schwefelige Säure (H_2SO_3)	als fünf- bis sechsprozentige Schwefelige Säure	zur Holzfasskonservierung und als Desinfektionsmittel bei entsprechender Verdünnung
Schwefeldioxyd (SO_2)	in Druckgasdosen als hundertprozentiges SO_2-Gas	Holzfasskonservierung, auch zur Metschwefelung einsetzbar

Kaliumpyrosulfit

Zur Schwefelung des Honigweines kommt in erster Linie Kaliumpyrosulfit in Frage. Es ist pulvrig und in kg-Päckchen oder in 10-g-Säckchen im Handel erhältlich.

Das Kaliumpyrosulfit wird, bevor es dem Fass beigemischt wird, in einer kleinen Menge Met gelöst, anschließend zum Fassinhalt gegeben und gründlich eingerührt.

Wie bereits erwähnt, sollte auf eine Schwefelung des Honigweines nicht gänzlich verzichtet werden.

- **Erste Schwefelung beim Abzug vom Hefedepot mit 12 g/100 l**
- **Zweite Schwefelung im Laufe der Ausbaulagerung**
- **Kurz vor der Flaschenfüllung wird der freie Schwefel kontrolliert und bei Bedarf aufgeschwefelt.**

Das Kaliumpyrosulfit wird genau abgewogen.

Eine Schwefelgabe mit Kaliumpyrosulfit von 12 g/100 l Met, zugegeben nach dem Abzug vom Hefedepot, erfüllt die zuvor erwähnten Aufgaben.

Während der Lagerung wird aufgrund von Laboruntersuchungen je nach Bedarf eine nochmalige Schwefelgabe notwendig sein. Angestrebt wird ein „Freier Schwefel" von 35–40 mg/l, welcher vor der Flaschenfüllung über mehrere Wochen stabil bleiben soll.

Der zugegebene Schwefel (Kaliumpyrosulfit) wird im Met zu einem Teil durch Gärnebenprodukte (Acetaldehyd) gebunden. Dieser ist somit inaktiv und wird als gebundene Schwefelige Säure bezeichnet. Der restliche Anteil bleibt ungebunden. Dieser wird als freie Schwefelige Säure bezeichnet und bildet einen aktiven Schutz gegenüber Mikroorganismen.

Das in wenig Met gelöste Kaliumpyrosulfit wird gründlich eingerührt.

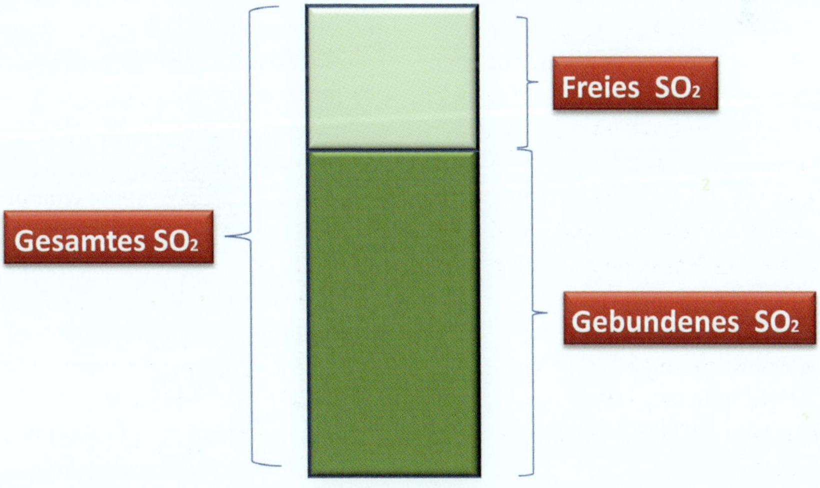

Der Gehalt an freier Schwefeliger Säure ist neben dem Säuregehalt ein wichtiger Indikator für die Haltbarkeit des Honigweines.

Gesamtes SO_2 = freies SO_2 + gebundenes SO_2

Laut österreichischem Weingesetz dürfen im Honigwein nicht mehr als:

- **50 mg/l freie Schwefelige Säure und**
- **200 mg/l gesamte Schwefelige Säure vorhanden sein.**

Angestrebt wird ein Gehalt an freier Schwefeliger Säure von 25–30 mg/l. Bleibt dieser Wert über längere Zeit gleich, so ist der Met als „stabil" anzusehen.

Aufschwefeln

Um auf den gewünschten Wert von 25 bis 30 mg/l an freier Schwefeliger Säure zu kommen, wird im Laufe der Ausbaulagerung eine Aufschwefelung notwendig sein. Das Untersuchungszeugnis eines Wein- oder Mostberatungslabors stellt die Grundlage für eine Aufschwefelung dar.

Die anzuwendende Menge errechnet sich wie folgt:

FORMEL

Fehlende mg SO_2 frei /Liter x 2* = g Kaliumpyrosulfit auf 1000 Liter

*In Kaliumpyrosulfit ist nur die Hälfte wirksames SO_2 enthalten.

Beispiel:

Festgestellter Gehalt an freier Schwefeliger Säure: 8 mg/l

Erwünschter Gehalt an freier Schwefeliger Säure: 30 mg/l

Es fehlen daher: 22 mg/l

Darum folgender Rechengang: 22 x 2 = 44 g Kaliumpyrosulfit (KPS)/1000 l

Das Nachsüßen – die Restzuckereinstellung

Im Kapitel „Methodenbeschreibung" wurden die Vor- und Nachteile der kurzen Gärphase erwähnt. Ein nach dieser Methode angesetzter Met wird rasch durchgären und sich nach beendeter Gärung wenig süß, kantig und rau am Gaumen zeigen. Er erinnert eher an Sherry als an Honigwein. Es ist dies sicher ein interessantes Produkt, doch der Konsumentenkreis dafür ist klein. Er stellt vielmehr ein Rohprodukt, einen Rohmet, dar. Erst durch eine nachträgliche Honigzugabe erreicht er seine volle Harmonie und den typischen Honigweincharakter.

Welcher Honig sollte für die Restzuckereinstellung gewählt werden?

Wurde für die Rohmetproduktion Honig verwendet, welcher qualitativ nicht optimal war (überaltert, hoher HMF-Wert,...), so sollte für die Restzuckereinstellung ein geschmacksintensiver Honig verwendet werden. Er verleiht dem späteren Met seinen typischen Geruch und Geschmack.

Verwenden Sie nur qualitativ hochwertige Honige zum Nachsüßen.

Wie kann die ideale Honigmenge zum Nachsüßen ermittelt werden?

Drei Möglichkeiten bieten sich dazu an:

- Verkosten
- Berechnen
- Vorversuche

Verkosten

Die einfachste Methode besteht darin, den Honig zu erwärmen (40 °C) und diesen unter ständigem Rühren dem Rohmet beizumengen. Durch laufendes Verkosten wird der ideale Zeitpunkt bestimmt.

Berechnen

Bei größeren Metmengen ist es wichtig, zuvor zu wissen, welche Honigmenge für die Restzuckerzugabe erwärmt werden soll. Um einen groben Richtwert zu erhalten, kann dies errechnet werden. Als Voraussetzung zur Berechnung benötigt man den Restzuckergehalt des zu süßenden Honigweines in g/l.

Ein Rechenbeispiel:

110 g/l	- 15 g/l	= 95 g/l	x 120 l	= 11400 g/l	: 800 g/l	= 14,25 kg
Gewünschter Restzucker in g/l	Vorhandener Restzucker in g/l nach Gärende	Fehlender Restzucker in g/l	Liter Ansatz	Fehlender Zucker in 120 l Met	Zuckergehalt in 1 kg Honig in g	Notwendiger Honig, um 110 g RZ bei 120 l Met zu erhalten

Diese Überschlagsrechnung hat sich in der Praxis sehr gut bewährt. Durch die Honigzugabe kommt es in diesem Fall zu einer Erhöhung des Inhaltes auf ca. 130 l (14,25 x 0,7 l = ca. 10 l), wodurch sich dann auch der Honig auf 130 Liter verteilt und somit der Restzuckergehalt nicht die angestrebten 110 g betragen wird, sondern etwas weniger. Für den Praktiker aber ausreichend, um eine grobe Abschätzung der benötigten Honigmenge zu erhalten.

Der Honig wurde abgewogen und erwärmt.

Unmittelbar nach der Honigzugabe

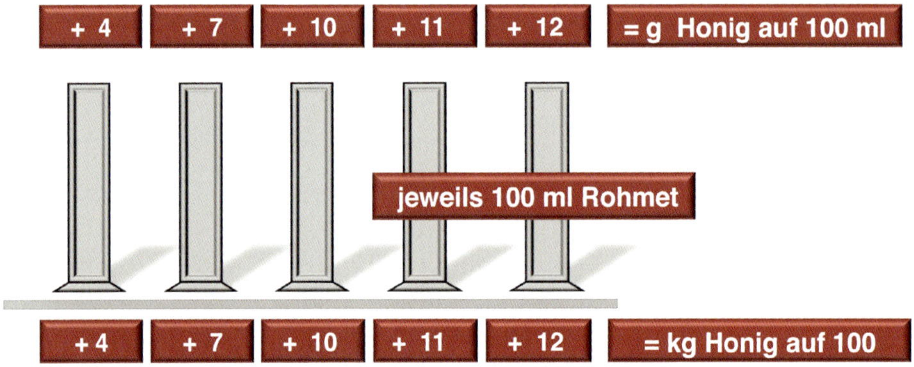

Vorversuche

Die genaueste, aber auch aufwändigste Methode ist die der Vorversuche. Aus dem Met, der gesüßt werden soll, werden mehrere Proben zu je 100 ml entnommen und anschließend mit steigenden Mengen Honig versetzt und verkostet.

In welcher Abstufung die Vorversuche gewählt werden, ist davon abhängig, ob der fertige Met weniger oder mehr an Süße aufweisen soll.

1 kg Honig auf 100 l steigert den Restzuckergehalt um ca. 8 g pro Liter.

Nicht nur die Honigmenge, auch die Honigsorte kann durch mehrere Versuchsreihen bestimmt werden.

Klärung

Da der Konsument Met nicht nur mit dem Gaumen beurteilt, sondern auch mit dem Auge, ist es notwendig, seinen Honigwein blank und stabil zu bringen.

Unter Klärung verstehen wir die Entfernung von Trubbestandteilen und Hefezellen.

Möglichkeiten der Klärung

- Der Met klärt sich selbständig
- Zugabe von Schönungsmitteln, welche die Trubbestandteile binden und gemeinsam zu Boden sinken
- Filtration des trüben Honigweines

Selbständige Klärung

Durch den vorhandenen Restzuckergehalt erhöht sich die Konsistenz der Flüssigkeit.

Eine alleinige Klärung mit Filtration ist dadurch erschwert. In der Praxis hat sich eine vorhergehende Schönung bewährt. Die Wahrscheinlichkeit, dass sich der Met selbständig klärt, ist äußerst gering. Am ehesten geschieht dies noch, wenn Fruchtsäfte zum Ansatz verwendet werden, da diese die zur Klärung notwendigen Gerbstoffe mitbringen.

Schönung

Als Schönung bezeichnet man das Zusetzen von Schönungsmitteln, um unerwünschte Stoffe zu binden. Es ist dies ein rein physikalischer Vorgang, bei dem durch Ladungsausgleich Flocken gebildet werden, die durch die Schwerkraft zu Boden sinken.

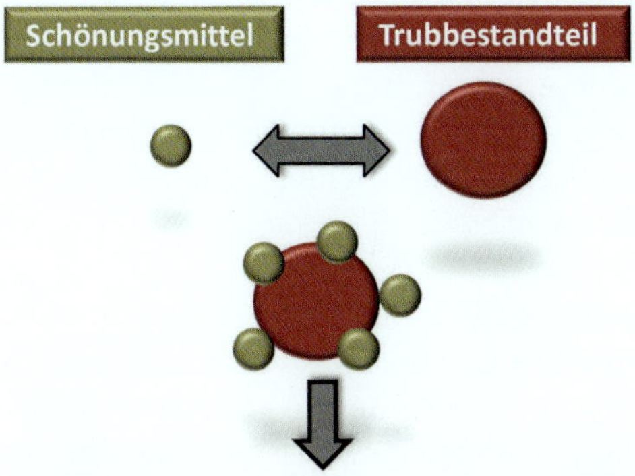

In der Meterzeugung sind zwei Schönungsarten von Bedeutung	
Zur Trubbeseitigung	Dazu wird eine Kombination aus Kieselsol und Gelatine verwendet.
Zur Eiweißbeseitigung	Dazu wird Bentonit, ein gemahlener Ton, verwendet.

Eine Schönung kann dann als gelungen angesehen werden, wenn der Stoff, der zu beseitigen ist (sei es Eiweiß oder der Trubbestandteil), wie auch das Schönungsmittel zur Gänze im Schönungstrub wiederzufinden sind. Anschließend wird der Met abgezogen.

Grundvoraussetzungen für das Gelingen von Schönungen
Der Met darf nicht mehr gären.
Der Met soll bei der Schönung eine Temperatur von mindestens 10 °C haben – je wärmer, desto besser.
Der Met muss vor der Schönung vom Gärungsgeläger abgezogen werden.
Keine Schönung ohne Vorversuche!
Für das Gelingen einer Schönung ist die richtige Verteilung des Schönungsmittels im Fass wichtig. Bei größeren Fassinhalten (ab 100 l) ist die Verwendung von Bohrmaschinenrührwerken anzuraten.
Je niedriger der pH-Wert (3,8 abwärts), desto reaktionsfreudiger läuft die Schönung ab. Dies ist auch der Grund, warum eine Säurezugabe vor der Schönung erfolgen sollte.
Die Schönungsmittel müssen genau nach Gebrauchsanleitung zur Schönung vorbereitet werden (vorher auflösen oder ansetzen).
Nach dem Absetzen des Schönungstrubes muss der Met vom entstandenen Schönungsgeläger umgezogen werden.

Standardschönung

Die größten Schwierigkeiten bereiten dem Laien die unterschiedlichsten Arten, Be-

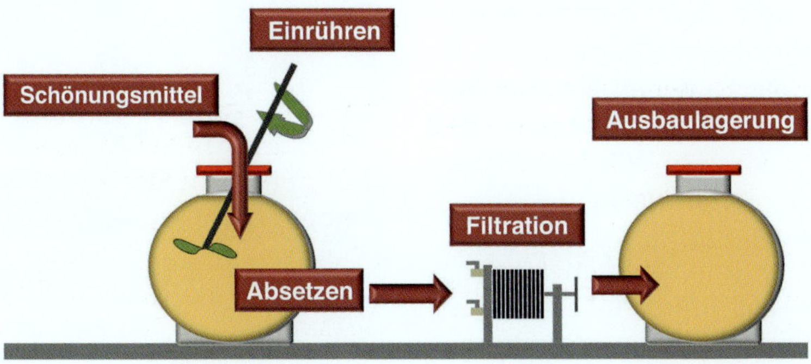

zeichnungen und Konzentrationen der Schönungsmittel. Vor jeder Anwendung ist das technische Merkblatt genau zu studieren.

Hier ist eine fachliche Beratung im Kellereiartikelhandel bzw. bei Beratungsstellen sehr hilfreich.

Ablauf der Standardschönung
(Die Mengenangaben beziehen sich auf 100 l Met)

- **Met gut rühren**
- **Zugabe von 200 ml eines 30-prozentigen Kieselsols (z. B. KlarSol 30) gründlich einrühren**
- **Mind. 10 Minuten in Intervallen rühren**
- **Zugabe von 50 ml flüssiger Gelatine (z. B. ErbiGel liquid)**
- **Mind. 10 Minuten in Intervallen rühren**
- **Zugabe von 250 g vorgequollenem Bentonit (z. B. NaCalit)**
- **Mind. 10 Minuten in Intervallen rühren**
- **Nach dem Absetzen des Schönungstrubes am Fassboden (Dauer: wenige Stunden bis eine Woche) kann der Met abgezogen oder – noch besser – abfiltriert werden.**

Kieselsol

Kieselsol ist die kolloidale Form der Kieselsäure und negativ geladen. Es erhöht die Reaktionsfreudigkeit der Trubbestandteile. Sollte sich die Gesamtschönung nicht wie gewünscht absetzen, hilft ein nochmaliges Aufrühren und die Zugabe von 100 ml Kieselsol.

Flüssige Gelatine

Gelatine ist das Schönungsmittel, welches in der Wein- und Obstweinbereitung am häufigsten verwendet wird. Gewonnen wird Gelatine aus Häuten, die beim Erhitzen mit Wasser erst Gelatine und später Leim ergeben. Gelatine findet in der Lebensmitteltechnologie häufig Anwendung, sei es bei Aufstrichen, Fruchtdesserts, Süßspeisen etc.

Gelatine für Schönungszwecke gibt es in pulvriger und flüssiger Form, aber auch in Kombination mit Kasein und Hausenblase. Die pulverförmige Gelatine muss vor der Anwendung in einen flüssigen Zustand gebracht werden. Diese Vorbereitungsarbeit, die sehr gewissenhaft durchgeführt werden muss, ist es auch, die in der Metbereitung der flüssigen Gelatine den Vorzug gibt.

Bentonit

Anders als bei der Kieselsol-Gelatineschönung, deren Aufgabe die Trubbindung ist, ist die Hauptaufgabe der Bentonitgabe die Bindung des im Getränk gelösten Eiweiß.

Schönung zur Trubbeseitigung (70 ml flüssige Gelatine und 150 ml 15-prozentiges Kieselsol pro 100 l Met)

Anrühren der abgewogenen Bentonitmenge.

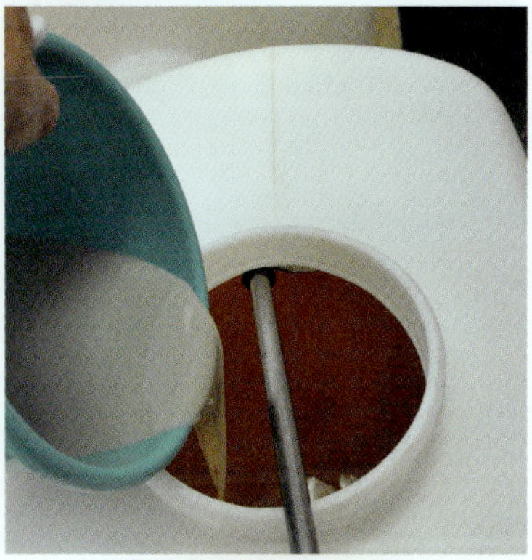

Nach 4–6 Stunden wird das überstehende Wasser entfernt und das gelöste Bentonit in das Fass angerührt.

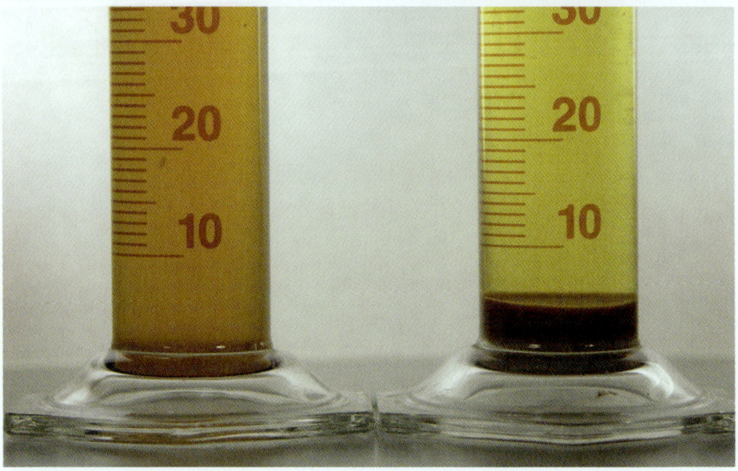

Das Ergebnis:

ohne Schönung (links) und erfolgreiche Schönung mit kompaktem Schönungstrub (rechts)

Als Nebeneffekt bindet Bentonit auch noch den Feintrub und es bildet ein kompaktes Trubdepot. Die gesetzliche Höchstmenge liegt bei 400 g/100 l, wobei im Normalfall 250 g ausreichend sind.

Bentonit ist ein fein vermahlener aufbereiteter Ton, der in granulierter Form erhältlich ist und zur Anwendung zuerst gelöst werden muss.

Die abgewogene Bentonitmenge wird langsam unter ständigem Rühren in die 4-bis 5-fache Wassermenge eingestreut. Nach einigen Stunden hat sich das Bentonit am Boden abgesetzt und die überstehende Menge an Wasser kann abgezogen und weggeschüttet werden. Die nun klumpenfreie Bentonitmenge wird mit etwas Met angerührt und unter ständigem Rühren dem Fassinhalt beigegeben.

Minimalschönung

Die einfachste Variante einer Schönung ist der lediglich Einsatz von 250 g Bentonit je 100 Liter. Bentonit bindet das Eiweiß, welches später in der Flasche bei längerer Lagerung ausflocken würde. Somit ist ein wichtiges Ziel der Schönung erreicht. Vollkommen klar wird der so geschönte Honigwein jedoch nicht werden, es fehlt ja an Kieselsol und Gelatine. Bentonit hat jedoch auch eine Trubbindungswirkung, sodass sich bei längerem Stehenlassen des geschönten Honigweines vermehrt die feinen Trubbestandteile absetzen. Nach drei bis vier Wochen müsste der Met mit einer feinen Filterschicht klar filtrierbar sein.

Abzug vom Schönungstrub mit gleichzeitiger Filtration

Wenn die Möglichkeit der Benutzung eines Filters gegeben ist, so ist dies die optimale Lösung. Es wird aus dem geschönten Fass vorsichtig bis zum Beginn des Schönungstrubes abgesaugt. Eventuell mitgesaugte Trubbestandteile bleiben im Filter haften. Im neuen Fass liegt der Met vollkommen blank.

Abzug vom Schönungstrub ohne Filtration

Gibt es keine Möglichkeit der Filtration, kann der Met vom Schönungstrub vorsichtig abgezogen werden. Sollten Schönungstrubbestandteile mitgesaugt worden sein, so setzen sich diese später wiederum am

Fassboden ab. Ein erneutes Abziehen in einigen Wochen trennt dann den Met auch von diesen Bestandteilen. Die Garantie für ein vollkommen blankes (klares) Produkt ist aber nicht gegeben.

Filtration

Man trinkt auch mit den Augen – ein klares Produkt spricht an.

Die Wahrscheinlichkeit, dass sich der Honigwein selbständig klärt, wird nur in seltenen Fällen eintreten. Mit der zuvor beschriebenen Schönung kommen wir dem Ziel schon um vieles näher. Derjenige, der seinen Met auch verkaufen will, wird um eine Filtration nicht herumkommen. Dazu werden einige geeignete und auch weniger geeignete Methoden angeboten:

Der Trichterfilter

In vielen Hobbykatalogen für den Weinhersteller angeboten, kann er aber nicht das halten, was er verspricht. Zu geringe Mengen – bei gleichzeitig ungenügender Filterleistung – bringen den Meterzeuger zur Verzweiflung.

TIPP

Sparen Sie sich das Geld für einen Trichterfilter und investieren Sie in einen etwas teureren kleinen Plattenfilter.

Der Kerzenfilter

Der Met wird über eine Pumpe durch eine Filterkerze gedrückt. Die Filterkerzen sind in unterschiedlichen Porengrößen erhältlich. Diese Filtrationsart ist besonders für die Endfiltration bei der Flaschenfüllung geeignet. Die Filterkerzen können nach gründlicher Rückspülung mit Wasser und Lagerung in Konservierungslösungen wiederverwendet werden.

Kerzenfilter

Der Schichtenfilter

In der Obst- und Traubenweinbereitung wird das Prinzip der Schichtenfiltration am häufigsten angewandt.

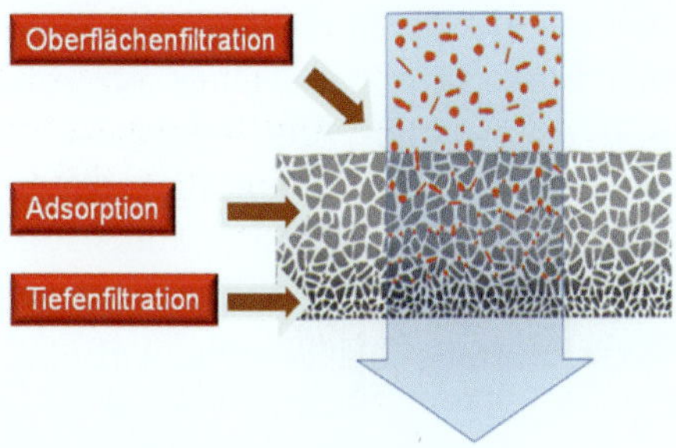

Wirkungsweise einer Filterschicht
(Skizze Fa. Begerow)

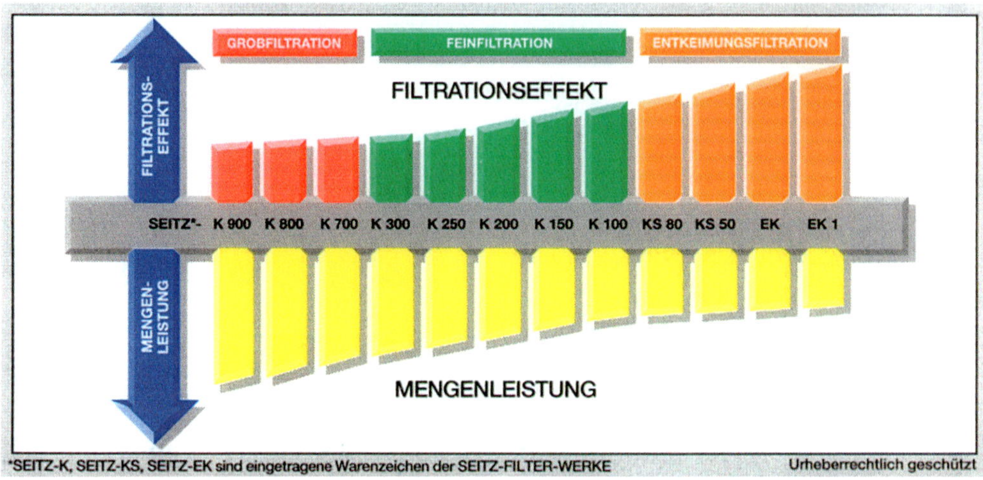

Einfluss verschiedener Filterschichten auf Mengenleistung und Filtrationseffekt

Sind die Geräte in diesem Bereich relativ groß, so gibt es für unser Anwendungsgebiet kleinere und damit auch günstigere Apparaturen. Damit können auch Liköre, Schnäpse, Trauben- und Obstweine filtriert werden.

Das zu filtrierende Gut wird durch Zelluloseschichten gedrückt, wobei in und an den Schichten Trubbestandteile haften bleiben. Der Met verlässt den Filter trubfrei.

Wie fein filtriert wird, hängt von der Filterschichtenwahl ab. Grobschichten werden bei sehr trüben Produkten eingesetzt, eine weitere Feinfiltration führt erst zu einem klaren Honigwein. Entkeimungsschichten besitzen eine so hohe Dichte, dass sogar Mikroorganismen herausfiltriert werden. Eine Vorfiltration mit Feinfilter ist notwendig. Eine Entkeimungsfiltration wird im Zuge der Flaschenfüllung durchgeführt. Die einzelnen Herstellerfirmen von Filterschichten haben für diesen Zweck eigene Übersichtstabellen, auf denen die Bezeichnung, die Filtrationsschärfe und die Mengenleistung ersichtlich sind. Leider sind diese Bezeichnungen von Herstellerfirma zu Herstellerfirma unterschiedlich.

Wässern

Da die Filterschichten aus Zellulose bestehen, ist es vor der eigentlichen Filtration notwendig, diese zu wässern. Dabei wird zuerst der Filter mit den Schichten ausgestattet und anschließend Wasser durchgepumpt, bis dieses geschmacksneutral austritt. Erst dann kann mit der Filtration begonnen werden. Geschieht dies nicht oder nur mangelhaft, reichert sich der Honigwein mit einem papierartigen Geschmack an.

Schichtenrundfilter mit Handpumpe für Kleinmengen

Schichtenfilter 30/30 cm mit Impellerpumpe

Wässern der Filterschichten bis zur Geschmacksneutralität

Reifelagerung

Als Reifelagerung bezeichnet man die Phase, in der der Honigwein unter kontrollierten Bedingungen gelagert wird, um seine Aromen zu entwickeln und zu harmonisieren. Während dieser Zeit wird der Met klarer, komplexer und insgesamt geschmacklich runder. Eine längere Fasslagerung ist dann möglich, wenn die Gefahr eines nochmaligen Gärbeginns unterbunden und der Met stabil ist.

Die nachfolgenden Kriterien sollten für eine längere Reifelagerung erfüllt sein:

Kriterium	Auswirkung
Fass vollkommen füllen	Unterbindung der Oxidation und einer vorzeitigen Alterung
Der Alkoholgehalt sollte mind. 12,5 % vol. betragen, besser bei 13,0 % vol. liegen	Verhindert einen nochmaligen Gärbeginn
Der Met sollte mit einer Feinfiltration eingelagert werden	Zell- und Keimzahlen werden vermindert – ein Verderb durch Mikroorganismen erschwert
Der Säurewert sollte kontrolliert und bei Bedarf aufgebessert werden	Ein niedriger pH-Wert schützt vor Mikroorganismen
Ideal ist ein Gehalt an „freiem Schwefel" von 30–40 mg/l	Um dies zu erreichen, bedarf es einer Schwefelung mit Kaliumpyrosulfit von 10 g pro 100 l

VORBEREITUNG ZUR FLASCHENFÜLLUNG

Der Met wurde nachgesüßt, geschwefelt, geklärt und filtriert. Nun liegt er zur Reifelagerung im Fass und ist zur Flaschenfüllung bereit. Dies ist der Zeitpunkt, wo noch einige Korrekturen durchgeführt werden können.

Verschnitt

Für jeden Methersteller ist es vorteilhaft, mehrere Chargen an Honigwein zu besitzen. Dies eröffnet viele zusätzliche Möglichkeiten, seinen Met einer Feinjustierung vor der Flaschenfüllung zu unterziehen. Im Verschnitt zweier oder mehrerer Honigweine liegt noch ein großes Potential der Qualitätssteigerung. So kann z. B. ein zu hoher Restzuckergehalt durch den Verschnitt mit einem trockeneren Met in eine harmonische Form gebracht werden.

GRUNDSATZ

Kein Verschnitt ohne Vorversuche!

Würzstoffe

Gewürze stellen in der Meterzeugung ein eigenes Kapitel dar. Seit jeher wurden Gewürze eingesetzt, oft auch deswegen, um die bei einer leichten Fehlgärung entstandenen Gärnebenprodukte zu überdecken.

Der heutige Konsument unterscheidet sehr deutlich zwischen dem klassischen Met, bei dem der Geschmack und Geruch nach Honig im Vordergrund steht, und den Honigweinen mit Gewürzen und/oder Fruchtsäften. Diese stellen eine eigene Kategorie dar und sind mit dem klassischen Honigwein auch nur schwer vergleichbar.

Wer einen Gewürzmet oder Met mit Fruchtsäften herstellen möchte, für den eröffnet sich ein großes Betätigungsfeld, um eine feine, ausgewogene Mischung an Gewürzen zu finden. Alte Lehrbücher geben über die Vielzahl an Gewürzen Auskunft. Häufig verwendete Gewürze sind: Rosmarin, Muskat, Zitronenmelisse, Wermut, Hopfen, Ingwer und Nelken. Der Fantasie kann hier freier Lauf gelassen werden.

Neben der Zusammensetzung der Gewürze spielen noch folgende Faktoren eine Rolle:

- der Zeitpunkt der Zugabe
- die Form der Zugabe

Zeitpunkt der Würzstoffzugabe

Das Gewürz oder die Gewürzkombinationen können entweder vor oder nach der Gärung, bei der Reifelagerung, oder erst kurz vor der Flaschenfüllung dazugegeben werden. Je länger ein Gewürz einwirken kann, desto harmonischer wird es sich mit dem Met verbinden. Ist die Einwirkzeit zu lang, so besteht die Gefahr einer zu intensiven Geschmacksbeeinflussung.

Form der Würzstoffzugabe

■ Direkte Zugabe der Würzstoffe

Die Würzstoffe (getrocknete Kräuter) werden vor Gärbeginn in den Metansatz gegeben.

Vorteil: Die Gewürze haben genug Zeit, um einzuwirken.
Die Trennung erfolgt durch Abzug vom Hefedepot.

Nachteil: Eine genaue Dosierung der Gewürzintensität ist nur schwer steuerbar.

■ Wirkstoffe in Leinensäckchen

Die ausgewählten Kräuter und Gewürze werden in ein Leinensäckchen eingebunden und in den Met zur Auslaugung eingehängt. Dies kann zu jedem Zeitpunkt der Meterzeugung erfolgen.

Vorteil: Durch ständiges Kosten kann der Zeitpunkt bestimmt werden, wann das Leinensäckchen entfernt werden soll.

Gewürze wie Nelken, Zimtstangen oder Vanilleschoten bringen zusätzliche Aromen in den Met, die Zugabe von Walnüssen verleiht eine dunklere Farbe.

BEISPIEL: CHILIMET

Je nach Chilisorte ist mehr oder weniger des Inhaltsstoffes Capsaicin enthalten. Dieses ist fett- oder alkohollöslich.

Möglichkeit 1: Getrocknete Chilischoten zerkleinern und zerdrücken (z. B. Mörser), mit 60-prozentigem Alkohol übergießen und einige Tage stehen lassen. Dieser Auszug wird unter ständigem Rühren und Verkosten dem Met beigegeben, bis die gewünschte Schärfe erreicht ist.

Möglichkeit 2: Chilischoten in ein Leinensäckchen geben und in den vergorenen Met einhängen. Sollte der Met zu scharf wirken, kann er auf die gewünschte Schärfe mit Met wieder rückverdünnt werden.

Möglichkeit 3: Kleine Chilischoten in die Flaschen schieben und mit Met auffüllen. Thai-Chili wäre dafür gut geeignet, da dieser bezüglich Schärfe im unteren Mittelfeld liegt und die Schoten klein genug sind, um diese durch den Flaschenhals zu schieben. Optisch ein Hingucker!

Was bei all diesen drei Möglichkeiten nicht eintreten wird, ist eine Färbung des Honigweines Richtung rot. Der Konsument kauft auch mit dem Auge, eine Färbung mit ungezuckerten Beerensäften bringt nicht nur ein zusätzliches interessantes Aromaprofil, sondern auch eine optische Aufwertung.

- **Zugabe von Kräuterauszügen**

Die Kräuter und Gewürzstoffe werden zerkleinert und in einer ca. 50- bis 60-prozentigen Alkohollösung angesetzt. Die Aromastoffe gehen in die Alkohollösung über; das Gemisch wird abfiltriert und kann als Würzstoff dienen.

Vorteil: Eine genaue Dosierung ist möglich, auch nachträglich im vergorenen Getränk.

- **Zugabe von Essenzen**

Natürliche Auszüge und Essenzen können selbständig hergestellt oder bei Fachfirmen zugekauft werden. Da sich diese Fachunternehmen nur damit beschäftigen, besitzen sie eine gute Erfahrung und die Palette ihrer Angebote ist entsprechend groß.

Vorteil: Viele verschiedene Geschmacksrichtungen und eine genaue Dosierung sind möglich.

Färben

Das landläufige Image von Met besteht aus folgenden Kriterien:

- Met ist süß
- schmeckt nach Honig
- hat eine dunklere Farbe und
- ist alkoholreich

Als unangenehm und abstoßend werden zu hohe Zuckerwerte und ein Zuviel an Gewürzen empfunden. Eine zu helle Farbe, wie sie bei Honigweinen aus Raps- und Robinienhonig entsteht, wird oftmals nicht mit Met in Verbindung gebracht.

Je dunkler ein Getränk ist, desto wertvoller erscheint es dem Konsumenten. Um seinem Met eine dunklere Farbe und ein ansprechenderes Aussehen zu geben, bieten sich dem Produzenten drei Möglichkeiten an:

- die Zugabe von Zuckercouleur oder
- die Zugabe von färbenden Pflanzen bzw. Pflanzenteilen
- die Zugabe von farbintensiven Säften

Zuckercouleur

Zuckercouleur kann jederzeit zu Hause selbst hergestellt werden. Kristallzucker wird in einer Pfanne bei geringer Hitze erwärmt. Der Zucker wird flüssig und beginnt braun zu werden. Ständiges Rühren verhindert sein Anbrennen. Diese sirupartige Masse – sie riecht wie ein Karamellbonbon – wird mit Wasser gelöscht und durch Verrühren aufgelöst. Je nach gewünschter Farbintensität wird unter ständigem Rühren vor der Flaschenfüllung Zuckercouleur beigemengt. Dieses Zuckercouleur kann in gekühltem, verschlossenem Zustand mehrere Wochen gelagert werden.

Farbgebende Pflanzen und Säfte

Färbedistel (Saflor), Kurkuma (Gelbwurz) und Safran werden durch ihre starke färbende Wirkung auch zum Färben von Lebensmitteln eingesetzt.

Safran ist eines der wertvollsten Gewürze und wird auch als Färbemittel eingesetzt. 1 g Safran in 100 l Met ergibt eine intensivere goldgelbe Färbung. Am geeignetsten ist die Zugabe während der Ausbaulagerung. Vor der Flaschenfüllung muss der Fassinhalt vorsichtig durchgerührt werden, da der Safran sich am Boden absetzt und es am Fassboden zu einer Farbkonzentration kommt.

Farbintensive Säfte

Besonders rote Säfte werden gerne zum Färben eingesetzt. Dazu zählen Johannisbeer-, Kirsch-, Holunder- und Roter Rübensaft.

1 l Holundersaft färbt 100 l Met sehr intensiv ohne eine besondere geschmackliche Beeinflussung. Kirschsaft muss, um eine Farbwirkung zu erzielen, in größeren Mengen eingesetzt werden, was aber auch zur Folge hat, dass der Kirschgeschmack im Met verstärkt wird. Solche Honigweine werden dann unter dem bekannten Titel „Odins Blut“ oder auch „Wikingerblut“ angeboten.

Neben den zuvor beschriebenen Korrekturmöglichkeiten sollen aber vor der Flaschenfüllung einige wichtige analytische Werte ermittelt werden.

Rote Säfte intensivieren die Farbe des Honigweins, in größeren Menge zugesetzt, verändern sie aber auch dessen Geschmack.

ANALYTISCHE KENNZAHLEN

Für den einzelnen Metproduzenten kann es durchaus interessant sein, zu wissen, welche unterschiedlichen analytischen Werte Met haben kann.
Diese Werte geben Aufschluss über:
- Haltbarkeit
- Geschmacksharmonie
- Einhaltung gesetzlicher Grundlagen

Die wichtigsten Parameter sind der Gaumen und die Nase des Produzenten. Die Sensorik ist der eine, die analytischen Kennzahlen der andere Bereich, die dem Produzenten in seiner Entscheidung eine Hilfestellung geben, ob und wie der Met in die Flasche gefüllt werden soll.

Was sagen uns analytische Kennzahlen vor der Flaschenfüllung und wozu dienen sie?
- Sie helfen, gleichbleibende Chargeneigenschaften zu erzielen (Restzuckergehalt)
- Sie entscheiden über das Füllverfahren (Warm- oder Kaltfüllung)
- Sie geben Auskunft, ob noch Defizite im Bereich Schwefel- oder Säurewert vorhanden sind

Welche analytischen Werte sind sinnvoll?
- Alkoholgehalt
- Restzucker
- Schwefelgehalt
- Säurewert

Alkoholgehalt

In den unten angeführten Ländern sind Mindestalkoholgehalte für Met einzuhalten, welche erfüllt werden müssen. Ebenso ist am Etikett der tatsächliche Alkoholgehalt anzuführen.

Mindestalkoholgehalte	
Mindestalkoholgehalt in **Deutschland** geregelt in den „Leitsätzen für weinähnliche und schaumweinähnliche Getränke“	**5,5 % vol. Alk.**
Mindestalkoholgehalt in der **Schweiz** geregelt in der „Verordnung des ED für alkoholische Getränke“	**7,0 % vol. Alk.**
Mindestalkoholgehalt in **Österreich** geregelt im „Österr. Lebensmittelhandbuch“	**11 % vol. Alk.**

Abgesehen von den gesetzlichen Rahmenbedingungen ist die Höhe des Alkoholgehaltes ein wichtiger Indikator für die Wahl des Füllverfahrens. Je höher der Alkoholgehalt des Honigweines, desto weniger Probleme mit einer Nachgärung in der Flasche treten auf. Ein Honigwein mit 12,5–13 % vol. Alkohol und harmonischem Restzucker kommt mit einer keimarmen Füllmethode aus. Liegt der Alkoholgehalt jedoch unter 12,5 % vol. Alkohol, so ist bei einer keimarmen Flaschenfüllung mit einer Nachgärung in der Flasche bei längerer Lagerung zu rechnen. Hier wird entweder eine Warmfüllung oder eine kaltsterile Flaschenfüllung notwendig.

Restzuckergehalt

Die Harmonie eines Honigweines hängt unter anderem vom Alkohol- Restzucker-Verhältnis ab.

> Ein Met mit höherem Alkoholgehalt verträgt auch einen höheren Restzuckergehalt, ohne dass dieser aufdringlich süß erscheint.

Solche Produkte sind gehaltvoll, kräftig und aufgrund der hohen Werte auch lange lagerfähig.

Interessanterweise werden Honigweine mit 100 bis 120 g Restzucker pro Liter bei ca. 13 % vol. Alkohol bei den meisten Konsumenten als angenehm empfunden. Unter Umständen liegt es auch daran, dass das allgegenwärtige „Coca Cola“ auch mit ähnlichen Restzuckerwerten aufwartet.

Schwefelgehalt

Auch hier gilt es gesetzliche Bestimmungen einzuhalten.

> In Österreich dürfen nicht mehr als 200 mg/l Gesamtschwefel und 50 mg/l freier Schwefel vorhanden sein. Ebenso in der Bundesrepublik Deutschland.

Bei den in diesem Buch beschriebenen Schwefelmengen von 12 g/100 l beim Abzug vom Hefedepot sowie einer nochmaligen Schwefelung von 12 g vor einer längeren Lagerung werden um die 120 mg/l an Gesamtschwefel erreicht. Wird vor der Flaschenfüllung nochmals eine Bestimmung des freien Schwefelgehaltes durchgeführt, so ergibt dies meistens einen zusätzlichen Schwefelbedarf von 10 g Kaliumpyrosulfit pro 100 Liter. Somit liegt dann der Gesamtschwefelgehalt um die 170 mg pro Liter. Als Grundlage für diese Aufschwefelung sollte ein Untersuchungszeugnis eines Wein- oder Mostlabors dienen.

Säurewert

Wie im Kapitel „Metansatz“ bereits behandelt, ist der Säurewert (in g/l titrierbarer Gesamtsäure) sowohl für die geschmackliche Harmonie mitverantwortlich als auch für die Haltbarkeit. Hier ist ein optimaler Schnittpunkt dieser beiden Werte zu finden.

> Angestrebt werden Gesamtsäurewerte, die um die 6 g/l liegen.

ANALYSEMETHODEN

Alkoholbestimmung

Malligand-Gerät

Das Prinzip der Alkoholbestimmung mit dem Malligand-Gerät besteht darin, den Siedepunkt zu ermitteln (reiner Alkohol hat einen Siedepunkt von 78,3 °C) und davon auf den Alkoholgehalt zu schließen. Zuvor wird der Siedepunkt des Wassers beim jeweils herrschenden Luftdruck ermittelt und das Gerät danach einjustiert.

Da aber Met einen mehr oder weniger starken Restzuckergehalt aufweist und dieser den Siedepunkt beeinflusst, ist diese Methode für Met nicht geeignet – außer es werden nur durchgegorene trockene Honigweine untersucht.

Destillationsmethode

Sie ist eine sichere und in den Weinlabors gerne verwendete Methode zur Bestimmung des Alkoholgehaltes. 100 ml Honigwein werden erwärmt und der Alkohol ausgetrieben (destilliert). Der destillierte Alkohol wird aufgefangen und mit destilliertem Wasser auf 100 ml aufgefüllt. Entweder mit einem „Biegeschwinger" oder mit der Alkoholspindel wird der Alkoholgehalt bestimmt.

Der Vorteil dieser Methode ist, dass keine Reagenzien, welche ständig erneuert werden müssen, zur Anwendung kommen.

Getränkelabor der NÖ Imkerschule Warth

Alkoholbestimmung nach Dr. Rebelein

Es ist von den beschriebenen Methoden die aufwändigste – sowohl von den Gerätschaften als auch von der Anzahl der verwendeten Reagenzien. Nur dann, wenn eine hohe Anzahl an Proben zu untersuchen ist, ist diese Methode wirtschaftlich sinnvoll.

Säurebestimmung

Die einfachste Methode, den Säuregehalt zu bestimmen, ist die der „Blaulauge". Das Prinzip der Säuremessung mit Blaulauge besteht darin, dass so lange Lauge, deren Konzentration bekannt ist, zur Metprobe gegeben wird, bis der Neutralpunkt erreicht ist. Dies erkennt man am Farbumschlag. Anschließend wird der Laugenverbrauch abgelesen. Diesen Vorgang nennt man „Titration".

Es wird die titrierbare Gesamtsäure bestimmt. Darunter versteht man die Summe der freien Säuren in einem Getränk mit Ausnahme der Kohlensäure. Diese wird vor der Bestimmung aus der Probe durch Erwärmen und Schütteln entfernt.

> Im Met befinden sich Säuren, die entweder vom Honig, vom Fruchtsaft oder von gesonderten Säurezugaben stammen.

Ausgedrückt wird die titrierbare Säure in g/l. Die durchschnittlichen Säuregehaltswerte bei Met betragen zwischen 4 und 6 g/l – sind also bei weitem nicht so hoch wie in der Trauben- oder Obstweinbereitung.

Benötigte Geräte und Chemikalien

Erlenmeyerkolben 100 ml, Vollpipette 10 ml, Messpipette 10 ml oder Bürette, frische 2/15 n Blaulauge

Durchführung

10 ml Met werden mit der Vollpipette in den Erlenmeyerkolben eingemessen, erwärmt und geschüttelt, um die Kohlensäure zu entfernen. Nach dem Abkühlen auf 20 °C lässt man aus der Messpipette oder Bürette so lange 2/15 n Blaulauge zufließen, bis der Umschlagspunkt (von grün auf blau) erreicht ist. Den Verbrauch an Blaulauge an der Messpipette oder Bürette ablesen; der Wert ergibt die g/l Säure.

Zuckerbestimmung

Der Zuckergehalt wird **vor Gärbeginn** am besten mit einem Refraktometer (teuer) oder mit einer Zuckerspindel (billiger) gemessen und in °KMW bzw. °Oe angegeben. Der Restzuckergehalt im gärenden bzw. vergorenen Met kann weder mit der Zuckerspindel noch mit dem Refraktometer bestimmt werden. Der Grund liegt im gebildeten Alkohol, der das spezifische Gewicht und somit die Dichte ändert.

Da die Restzuckerbestimmung im vergorenen Getränk aufwändiger verläuft, sollten für diesen Zweck Fachlabors aufgesucht werden.

Der in der Wein- und Obstverarbeitung gerne und einfach anzuwendende „Clinitest" kann für die Metbereitung nur beschränkt angewendet werden, da damit nur Restzuckerwerte bis 10 g/l bestimmt werden können.

Die Restzuckerwerte im durchgegorenen Met liegen aber um die 15 g/l, im nachgesüßten Met meist zwischen 80 und 160 g/l.

Nachweis der Trubstabilität

Honig enthält schwerlösliche und auch unlösliche Stoffe wie Wachse, Dextrine, Eiweiß und Pollen.

Diese Stoffe können zu hartnäckigen Trübungen und Filtrationsproblemen führen. Besonders problematisch ist eine Eiweißtrübung bei Honigweinen, die bereits in Flasche gefüllt sind.

Um die Trubstabilität nachweisen zu können, gibt es zwei Möglichkeiten:

- Wärmetest
- Bentotest

Wärmetest

Eine Flasche filtrierter Met wird 12 Stunden lang bei einer Temperatur von 40 °C gehalten und anschließend für 12 Stunden in den Kühlschrank gestellt. Ist während dieser Zeit keine Trübung eingetreten, so kann das Getränk als eiweißstabil bezeichnet werden. Ist wärmeempfindliches Eiweiß vorhanden, flockt es in Form einer Trübung aus. Der Test ist einfach und aussagekräftig.

Bentotest nach Dr. Jakob

Der Test erfolgt mit einer Reagenzflüssigkeit (Eiweißfällungsmittel) und kann in kurzer Zeit ausgewertet werden. Dabei wird eine Metprobe mit Hilfe kleiner Filter blank filtriert und mit der Reagenzlösung versetzt. Tritt nach wenigen Minuten eine Eintrübung auf, so kann auf eine Anwesenheit von Eiweiß geschlossen werden.

Wurde Eiweiß festgestellt, so wird eine Schönungsvorversuchsreihe mit steigenden Bentonitmengen angesetzt.

Jener Versuch mit der geringsten Bentonitmenge bei gleichzeitig nochmals durchgeführtem negativen Bentotestergebnis ergibt die richtige Bentonitmenge, die im Fass angewendet werden muss.

Eine Überschönung mit Bentonit greift auch Inhaltsstoffe wie Farbe und Geschmack an.

DIE FLASCHENFÜLLUNG

Ziel ist es, den Met so in die Flasche zu füllen, dass es, außer einer altersgemäßen Reifung, zu keinen weiteren Veränderungen kommt.

GEFAHRENBEREICHE

Es gibt zwei Gefahrenbereiche, die bei der Füllung von Met in Flaschen zu berücksichtigen sind:

- Ausflockungen in der Flasche durch instabiles Eiweiß
- nochmals beginnende Gärung in der Flasche

Eiweißstabilität

Wärmeempfindliches Eiweiß kann in der Flasche durch Temperaturschwankungen oder aber auch im Zuge der Warmfüllung ausflocken und eine hartnäckige Trübung verursachen.

Im Kapitel „Klärung“ wurde die Anwendung des Schönungsmittels „Bentonit“ genau beschrieben. Die in diesem Kapitel empfohlene Aufwandsmenge von 250 g pro 100 l Met reichen im Normalfall aus, um etwaige Eiweißkomponenten zu binden, ohne den Met in seiner Aromatik zu schwächen. Größere Mengen sind nur dann sinnvoll, wenn zuvor in einem Wein- oder Mostlabor genaue Aufwandsmengenvorversuche durchgeführt wurden, da ansonsten auch Farbe und Geschmack des Honigweines angegriffen werden.

Um die Stabilität des Honigweines gegenüber thermolabilem Eiweiß zu testen, gibt es zwei Möglichkeiten:

Um die Eiweißstabilität zu testen, gibt es die Methoden „Wärmetest“ und „Bentotest“, welche im Kapitel „Analysemethoden“ beschreiben sind.

Unter Stabilität versteht man die mikrobiologische und chemische Haltbarkeit, wodurch Nachtrübungen, Verfärbungen wie auch Nachgärungen in der Flasche ausgeschlossen sind.

Nachgärung in der Flasche

Dies ist sicherlich die größte Gefahr in der Flaschenvermarktung von Honigwein. Eine Nachgärung erzeugt wiederum CO_2 und damit auch Druck in der Flasche. Das gesamte Getränk ändert sich in Geruch und Geschmack. Ein leichter Hefesatz am Boden ist in diesem Fall noch das geringere Übel.

Wird der CO_2-Druck zu groß, so können die Flaschen bersten. Im Zuge des Produkthaftungsgesetzes wird der Produzent für alle Folgekosten zur Rechenschaft gezogen.

Eine Nachgärung wird verursacht durch das Vorhandensein von Zucker und Hefezellen.

Für den Produzenten heißt dies:

- entweder die Hefezellen entfernen oder
- inaktivieren oder
- einen so hohen Alkoholgehalt des Honigweines anzustreben, dass sich die Hefen nicht mehr vermehren können.

Um dies zu erreichen, gibt es drei Möglichkeiten:

1. Warmfüllung (Inaktivieren der Hefe)
2. Kaltsterile Flaschenfüllung (Entfernen der Hefe)
3. Alkoholgehalt über 13 % vol. (interne Stabilität)

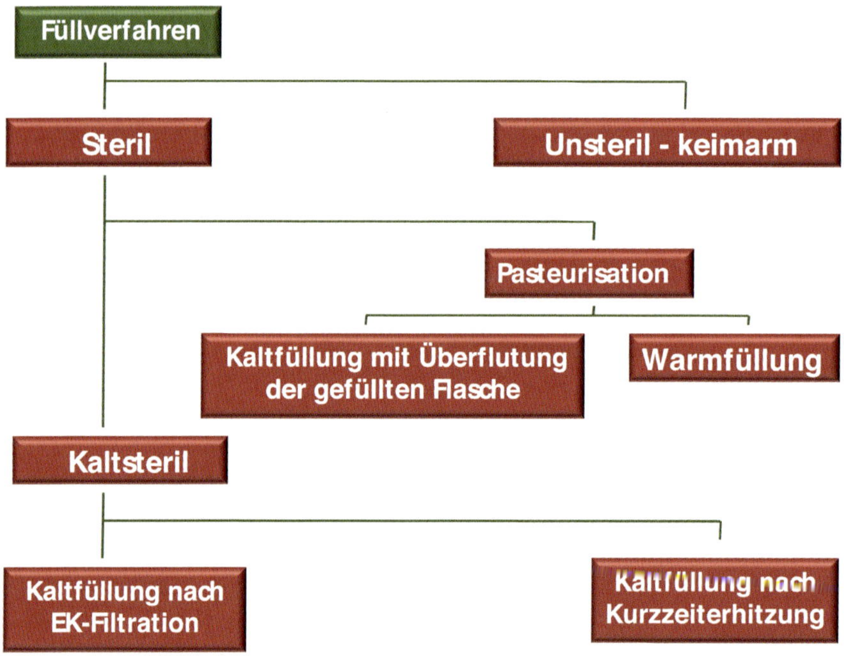

PASTEURISATIONSMETHODEN

Das Prinzip dieses Füllverfahrens besteht darin, Hefezellen durch Erhitzen des Getränkes auf 55 °C abzutöten. Bei der Haltbarmachung von Fruchtsaft werden für diesen Zweck 78 °C benötigt. Da aber bei Met ein Alkoholgehalt von 10 % vol. und mehr vorhanden ist, reicht eine Pasteurisationstemperatur von 55 °C (Flaschenkerntemperatur). Die Kombination Wärme und Alkohol wirkt auf die Hefe inaktivierend.

Warmfüllung

Die einfachste Methode ist die Erwärmung in einem Topf am Herd oder in einem großen Kessel. Über einen Auslaufhahn oder einen Schlauch erfolgt die Flaschenfüllung. Mit einem Thermometer wird die Temperatur in der Flaschenmitte (Flaschenkerntemperatur) gemessen, welche 55 °C betragen soll, das Gefäß verschlossen und kurz auf den Kopf gestellt. Dadurch werden auch der Flaschenhals und der Verschluss mit der heißen Flüssigkeit benetzt und die dort anhaftenden Hefezellen abgetötet.

Vorteil: einfachste Methode ohne großen Aufwand
Nachteil: die Temperatur ist schwer konstant zu halten Aroma- und Alkoholverluste

Reihenfüller mit Schichtenfilter

Edelstahlspirale

Produktschonender bei gleichzeitig höherer Leistung ist die Methode der Flaschenfüllung mit einer Edelstahlspirale. Hier können Stundenleistungen von 60 bis 200 l erreicht werden.

Sie wird in einen mit Wasser gefüllten Topf, einen Wasserkessel, Dämpfer oder in einen elektrisch aufheizbaren Kessel eingehängt. Von einem Hochbehälter fließt der Honigwein durch die Spirale und erhitzt sich. Ein Thermometer an der Auslaufseite und ein Regulierhahn auf der Einlaufseite ermöglichen ein genaues Abstimmen der Pasteurisationstemperatur.

Vorteil: geschlossenes Durchlaufsystem
dadurch geringe Alkoholverluste
hohe Stundenleistung

Platten-/Röhrenwärmetauscher

Für größere Mengen (150 l/h und mehr) eignet sich ein Platten-/Röhrenwärmetauscher. Diese Geräte sind in verschiedenen Größen und Leistungsstufen erhältlich. Beim Plattenpasteur wird das Getränk durch feine Kanäle geleitet. Im Gegenstromprinzip wird Heißwasser in einen benachbarten Kanal geleitet. Durch den engen Kontakt der Kanäle zueinander erwärmt sich der Met. Durch die Fließgeschwindigkeit und die Wassertemperatur kann die Menge des Metes, der pasteurisiert wird, reguliert werden. Da für diese Art der Haltbarmachung ein großer Wärmebedarf notwendig ist, muss ein starker Heizkessel als Wärmequelle vorhanden sein. Auch kompakte transportable, kleinere Anlagen, die mit Gas beheizt werden und für den überbetrieblichen Einsatz gedacht sind, sind im Handel.

Bei all diesen Geräten ist durch die hohe Stundenleistung eine Flaschenfüllanlage, meist ein vier- oder sechsstelliger Reihenfüller, notwendig.

Vorteil: geschlossenes Durchlaufsystem
dadurch geringe Alkoholverluste
hohe Stundenleistung

Nachteil: technisch aufwändig
hohe Investitionskosten

Elektrischer Pasteur

Dies ist eine Art Dampfdruckkochtopf mit eingebauter Durchlaufspirale. Der Met fließt durch die eingebaute Spirale und erhitzt sich auf Pasteurisationstemperatur. Als zusätzliche Heizquelle kann eine Kochplatte oder ein Elektroherd dienen.

Bei allen Warmumfüllmethoden gilt
Flaschenkerntemperatur zwischen 55 und 60 °C
Nach dem Verschließen wird die Flasche kurzfristig umgelegt.
Die gefüllten Flaschen nach dem Verschließen baldmöglichst abkühlen.
Als Flaschenverschluss ist Kork ungeeignet, da der Kork durch die Abkühlung und die damit verbundene Vakuumbildung in die Flasche gezogen wird.
Griffkorken sind ebenfalls ungeeignet, da diese ungenügend dichten.
Drehverschluss, Kronenkorken und Bügelverschlüsse sind geeignet.

Kaltfüllung mit anschließender Überflutung

Die Flaschen werden mit dem kalten Met gefüllt, im verschlossenen Zustand in die Überflutungskammer gebracht und so lange mit Heißwasser überbraust, bis die Temperatur in der Flasche etwa 55 bis 60 °C erreicht hat. Danach erfolgt die Rückkühlung. Durch die Wärmeeinwirkung dehnt sich der Inhalt in der verschlossenen Flasche aus. Um einen Flaschenbruch zu verhindern, ist ein Freiraum beim Füllvorgang von ca. 3–4 % zu belassen.

Für diese Zwecke gibt es eigene Kammerpasteure. Die Anschaffungs- und Betriebskosten sind relativ hoch.

Vorteil: keine Alkoholverluste
hohe Leistung
genaue Temperatursteuerung
Nachteil: großer Platzbedarf
hohe Energiekosten

Für kleinere Mengen gibt es eine einfachere Lösung, welche nach dem ähnlichen Prinzip arbeitet:

Kaltfüllung mit anschließender Erwärmung im Wasserbad

Die kalt gefüllten und verschlossenen Flaschen werden in ein Wasserbad gelegt. Dieses wird so lange erhitzt, bis der Flascheninhalt die gewünschte Pasteurisationstemperatur aufweist. Danach wird das Wasser abgelassen und die Flaschen langsam rückgekühlt. Als Wasserbad kann ein großer Kochtopf, eine Kippmulde, wie sie in Großküchen verwendet wird, oder aber auch ein großer Kupferkessel dienen.

Vorteil: einfache Methode durch Nutzung vorhandener Geräte
geringere Leistung
Nachteil: hoher Energieaufwand

Ein elektrischer Pasteur erhitzt die Flüssigkeit mithilfe einer eingebauten Heizspirale.

Enolmatic Abfüller: einfach, vielfälltig einsetzbar und effizient

Abfüllraum mit Rundfüller

Rundfüller in Betrieb

KALTSTERILE FLASCHENFÜLLUNG

Das Prinzip dieses Füllverfahrens besteht darin, alle schädlichen Mikroorganismen (Hefen, Bakterien), die eine Nachgärung bzw. eine mikrobiologische Veränderung verursachen könnten, durch eine Entkeimungsfiltration zu entfernen und ohne Reinfektion in die Flasche zu füllen und zu verschließen.

Dieses Füllverfahren eignet sich wegen des größeren technischen Aufwandes nur für Betriebe, die aus ihrer Meterzeugung einen eigenen Betriebszweig gemacht haben oder machen wollen. Solche Füllverfahren werden in Weinbaugebieten im Lohnverfahren auch überbetrieblich angeboten. Dazu sind jedoch größere Füllmengen notwendig.

Qualitativ hochwertige Kleingeräte sind für dieses Füllverfahren im Kleinbetrieb geeignet.

Es müssen dabei folgende Punkte beachtet und erfüllt werden:

- Filter, Leitungen und Füller keimfrei
- Flaschen keimfrei
- Verschluss keimfrei
- Aseptische Arbeitsweise
- Maschinen und Füllraum äußerst sauber
- Jede Reinfektion vermeiden

Diese Voraussetzungen erreichen wir, wenn zuerst die gesamte Füllanlage grundgereinigt, dann zusammengebaut und desinfiziert wird.

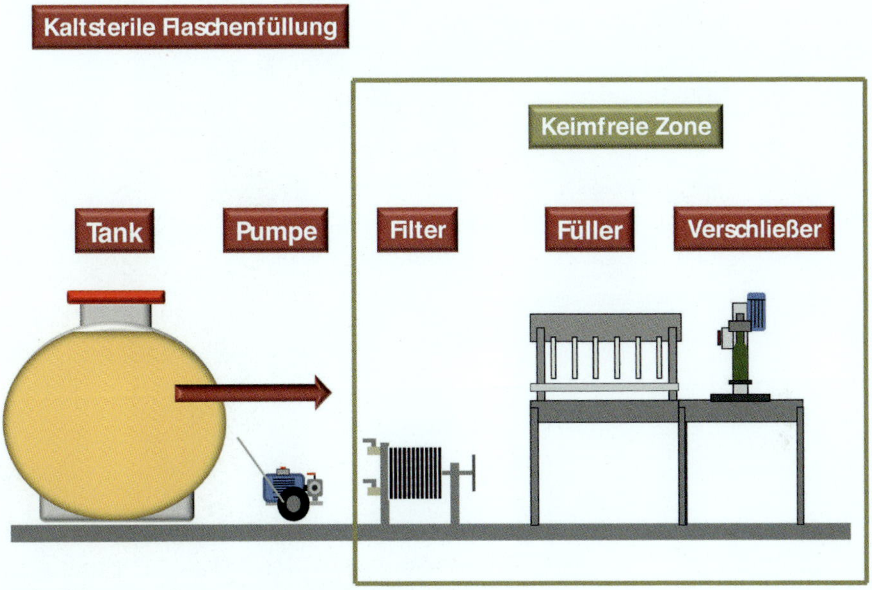

Kritische Stellen der Reinigung sind Dichtungen, Verschraubungen und feine Kanäle des Filters.

Grundreinigung

Zur Grundreinigung gibt es im Fachhandel spezielle Kellerreinigungsmittel, die entweder aktivchlorhältige Verbindungen enthalten oder auf Basis Quaternäre Ammoniumverbindungen (QAV) basieren.

Um einen optimalen Reinigungserfolg zu erzielen, wird wie folgt vorgegangen:

- Die Gerätschaften werden weitgehend zerlegt und in die Reinigungslösung eingelegt
- Entfernen von sichtbarem Schmutz durch Bürste und Wasserstrahl
- Gründliches Abspülen der Reinigungslösung mit klarem Wasser

Desinfektion

Vor dem Fülltag werden die gereinigten Schläuche, die Pumpe, der fertig gepackte Schichtenfilter sowie der Füller mit dreiprozentigem Desinfektionsmittel auf Wasserstoffperoxydbasis blasenfrei gefüllt und bleiben 12 Stunden stehen. Auf die Füllorgane werden Flaschen aufgesteckt, die Füllorgane werden dadurch ebenfalls sterilisiert.

Vor dem Füllen wird die Desinfektionslösung mit Frischwasser aus der Anlage gespült. Anschließend wird das Spülwasser mit dem zu füllenden Honigwein aus dem Filter gedrückt, und es kann mit der Abfüllung begonnen werden.

Um eine Infektion von Seiten der Flasche zu vermeiden, muss diese absolut sauber sein. Um dies zu erreichen, wird die verschmutzte Flasche in eine dafür geeignete Flaschenreinigungslösung bei 40 °C mind. 20 Minuten eingeweicht. Danach erfolgt die Entfernung des Schmutzes mit einer Flaschenwaschmaschine. Zum Schluss wird die Flasche mit Frischwasser ausgespült und soll austropfen.

Zur Desinfektion der Flasche stehen zwei Möglichkeiten zur Verfügung: der Einsatz von zweiprozentiger Schwefeliger Säure oder von dreiprozentiger Wasserstoffperoxidlösung. Bei beiden Methoden gilt: Unbedingt mit Wasser nachspülen!

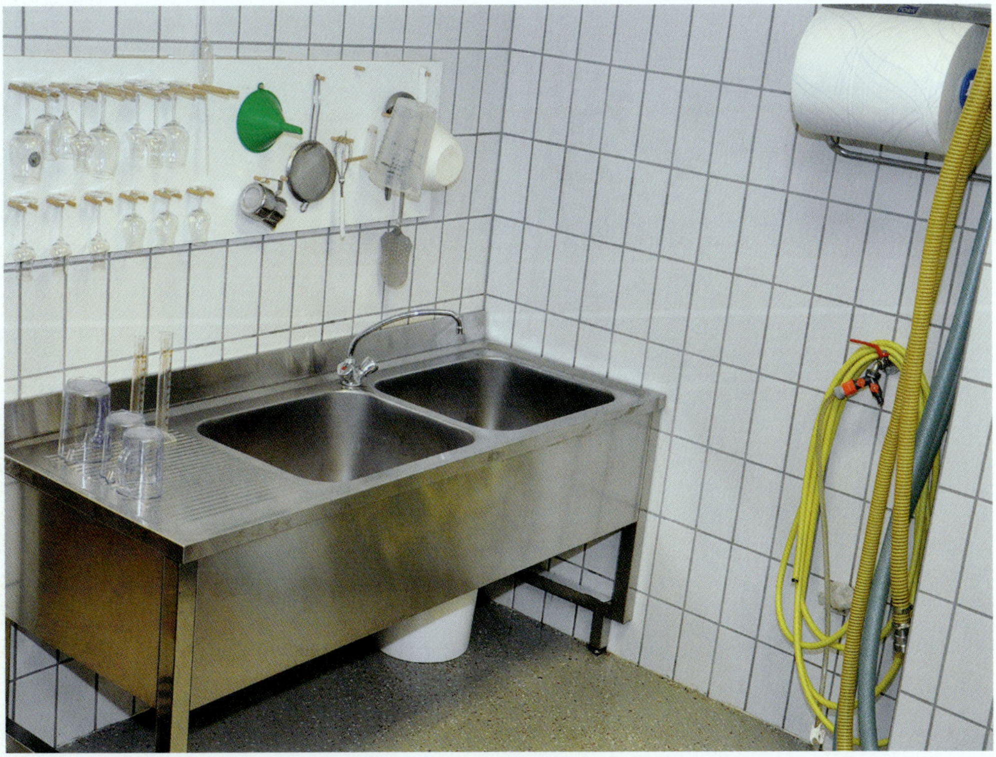

Ein optimal ausgestatteter Hygieneplatz

Flaschenlager

Desinfektionsmethoden

Zweiprozentige Schwefelige Säure	Dreiprozentige Wasserstoff-peroxidlösung
Diese Methode findet heute aufgrund der starken Reizwirkung kaum noch Anwendung	(z. B. Bisteril oder P3 vino Oxi) bei 2 Sekunden Sprühzeit mit dem Flaschensterilisator

Nach der Sterilisation muss die Flasche mit Wasser nachgespült werden! Foto: Erin Ashley

METPROTOKOLL

Es mag vielleicht an Formalismus erinnern, wenn an dieser Stelle das Führen eines Metprotokolls empfohlen wird. Egal, ob es nur ein Ballon mit 25 Litern ist oder ein Gärtank mit 500 Litern und mehr – genaue Aufzeichnungen sind aus folgenden Gründen unentbehrlich:

- Auch wenn man es nicht wahrhaben will, nach einem halben Jahr kann man sich an genaue Details wie Temperatur, Mengen und Zeitabstände nur mehr schwer erinnern.
- Sollten Fehler unterlaufen sein, können diese durch genaue Aufzeichnungen herausgefunden und in Zukunft vermieden werden.
- Ein Metprotokoll legt den Grundstein für annähernd gleiche Metchargen.

So ein Metprotokoll sollte nicht nur während der Gärvorbereitung geführt werden, sondern bis zum fertigen Endprodukt. Dazu gehört auch eine einfache sensorische Beschreibung mit allen Vorzügen und – was wichtig ist – mit allen Mängeln, um daraus lernen zu können.

Haben sich nach Jahren der Erfahrung viele Metprotokolle angesammelt, so ist es interessant, darin zu schmökern und die dazugehörigen Honigweine zu verkosten.

> Zu Ihrer Sicherheit und zur Sicherheit Ihrer Kunden sind genaue Aufzeichnungen und Rückstellproben jeder einzelnen Charge zu führen.

Ein Beispiel für ein Metprotokoll finden Sie auf der nächsten Doppelseite.

Metprotokoll

Datum des Ansatzes: ______________________________

Berechnung:

Honig: **Bezeichnung:** **kg:**

Liter Ansatz:

Eingestellt auf:	Grad KMW	ca. % vol. Alk.	
	20	13,0	
	21	13,6	
	22	14,3	
	23	14,9	
	24	15,6	

	Menge/100 Liter	auf Gesamtmenge
Milchsäure/Zitronensäure		
Hefenährstoff		
Reinzuchthefe		

Gärverlauf:

Gärende am:

Untersuchungsergebnis nach Gärende:

Alkoholgehalt in % vol. Restzucker in g/l Datum

Abzug von der Hefe am:

Hier können Sie das Metprotokoll als pdf-Vorlage herunterladen:

Nachsüßen	kg Honig	Sorte	Datum

	pro 100 Liter	auf Gesamtmenge	Datum
Aufsäuerung			
Schwefelung **Kaliumpyrosulfit (KPS)**			
Klärung **Kieselsol : Gelatine**			
Schönung **Bentonit : NaCalit**			

Laboruntersuchungsergebnis: SO_2-frei in mg/l:

Ideal: 25–40 mg/l Bedarfsberechnung: fehlende mg SO_2-frei x 2 = g KPS/1000 l

Schwefelung	Datum	Menge in g/100 l	auf Gesamtmenge

Filtration	Datum	Schichtenwahl

Vorbereitung zur Flaschenfüllung	Sonstige Behandlung	Datum

Flaschenfüllung	Filtration mit	Schichtenwahl	Datum

Kontrollwerte	% vol. Alk.	Restzucker g/l	SO_2-frei	Gesamtsäure
Chargen Nummer		Flaschenzahl		Fülldatum

HONIGWEINVARIANTEN

ALKOHOLFREIER MET

Alkoholfreier Met, auch bekannt als Honigwein ohne Alkohol, ist eine alkoholfreie Variante des traditionellen Mets. Bei der alkoholfreien Version wird der Alkohol entweder durch spezielle Herstellungsverfahren vermieden oder nach der Fermentation entfernt.

Den Alkohol nach der Fermentation zu entfernen, ist technisch anspruchsvoller. Dies kann durch Erhitzen erfolgen, wobei der Alkohol verdampft, oder er wird durch spezielle Entalkoholisierungsanlagen entfernt. Bis zur Novellierung des Lebensmittelhandbuches gab es in Österreich auch eine gesetzliche Regelung für alkoholfreien Met. Bezeichnet wurde dieser als „Schwachmet" im Gegensatz zum „Starkmet", welcher Alkohol enthielt.

Geschichtlich hat alkoholfreier Met seinen Ursprung in einer Zeit, als es noch wenig Süßgetränke gab. Im alpenländischen Raum wurde dieser vom Lebzelter aus dem Holzfass auf Jahrmärkten an Kinder ausgeschenkt und mit Weißbrot genossen.

Das Grundprinzip der Herstellung ohne Fermentation

Honig wird mit Wasser nach Belieben verdünnt und mit Gewürzen versetzt. Damit das Honigwasser nicht zu gären beginnt, wird es auf 80 °C erhitzt und in die Flaschen gefüllt.

Genossen wird alkoholfreier Met entweder pur oder mit Soda verdünnt (auch bekannt als Honig Spritz). Wer möchte, kann natürlich auch einen Schuss Alkohol riskieren (z. B. Rum, Schnaps).

Als geschmacksgebende Zutaten eignen sich u. a.: Zimt, Nelken, Muskatnuss, Ingwer, Zitronensaft oder andere Fruchtsäfte.

Beispielrezept: Alkoholfreier Gewürzmet

500 ml Wasser in einem Topf erwärmen. 6 EL Honig (ca. 120 g) einrühren und auflösen.

1 Zimtstange, 3 Gewürznelken und 3 Prisen Muskatnusspulver hinzufügen. Einen ½ Liter Apfelsaft (naturtrüb) zugeben und kurz aufkochen lassen. Danach von der

Herdplatte nehmen und 10 bis 15 Minuten ziehen lassen. Den noch heißen Met durch ein Sieb gießen und in Flaschen füllen oder ausgekühlt servieren.

HONIGWEINFRIZZANTE

Um dem Honigwein mehr Frische und Lebendigkeit zu verleihen, besteht die Möglichkeit diesen mit Kohlensäure (CO_2) zu versetzen. Was in der Theorie einfach klingt, bedarf einer guten Vorbereitung des Ausgangsproduktes Met und die Möglichkeit, bei einem Frizzante-Lohnfüller diesen stabil in die Flasche füllen zu lassen. Die Zugabe von Kohlensäure wird auch als Imprägnierverfahren bezeichnet.

Der Begriff „Frizzante“

„Frizzante“ ist ein italienischer Begriff, der leicht schäumenden Wein beschreibt (Perlwein). Es wird generell in Perlwein und in Schaumwein unterschieden. Frizzante hat nur einen leichten, prickelnden Charakter. Perlweine enthalten in der Regel weniger Kohlensäure und bieten ein milderes Sprudeln als voll schäumende Weine (Schaumwein).

Der grundsätzliche Unterschied ist, dass Perlwein maximal 2,5 bar CO_2-Druck in der Flasche haben darf und Schaumwein mindestens 2,5 bar aufweisen muss. Hier fällt auch die Schaumweinsteuer an.

Perlwein ist somit die günstigere Variante. Ihm kann die prickelnde Kohlensäure während des Füllvorganges zugesetzt werden (eigene Füllanlagen). Und genau für diesen Perlwein kann auch den Begriff „Frizzante“ verwendet werden. Perlweine können mit einem normalen Korken oder einem speziellen Schraubverschluss abgefüllt werden. Schaumweine werden oft mit einem Champagnerkorken und Drahtkorb (Muselet) versehen, um den höheren Druck zu halten.

Anspruch an die Ausgangsware Met

- blank filtriert
- einen stabilen SO_2-Spiegel (30–50 mg/l SO_2-frei)
- mind. 5,5 g/l Gesamtsäure
- Eiweißstabilität (vorhergehende Bentonitschönung)
- Alkoholgehalt im unteren Bereich

Da in Österreich der Mindestalkoholgehalt bei Honigwein bei 11,0 % vol. liegt, darf auch der Frizzante nicht darunter liegen. Höhere Alkoholgehalte bei Frizzante wären paradox, da die Kundenerwartung leicht und erfrischend ist.

Füllvorgang

Während des Füllvorganges wird CO_2 unter Druck hinzugefügt. Um dies richtig bewerkstelligen zu können, bedarf es spezieller Füllanlagen. Diese sind technisch aufwendig. In den Weinbaugebieten gibt es vereinzelt Winzer bzw. Obstverarbeiter, die solche Anlagen auch im Lohnverfahren betreiben. Die Mindestmengen liegen meist bei 300 Liter.

Das Ergebnis ist ein beliebtes Sommergetränk. Verfeinert mit Eiswürfeln, Minze oder einer Zitronen- bzw. Orangenscheibe lässt sich Honigweinfrizzante wunderbar auf der Terrasse genießen.

HONIGWEIN MIT FRÜCHTEN

Fruchtmet ist eine vielseitige und schmackhafte Variante des traditionellen Honigweins, die durch das Hinzufügen von Früchten eine interessante Geschmacksdimension erhält. Grundsätzlich gibt es zwei Möglichkeiten Fruchtmet herzustellen:

Einsatz von frischen Früchten bzw. außerhalb der Erntezeit mit gefrorenen Früchten.
Die Früchte werden beim Metansatz hinzugegeben und die Auslaugung von Farbe, Geschmack und Geruch geschieht während der Gärung. Um die Auslaugung zu erleichtern, sollten die Früchte aufgebrochen bzw. gequetscht werden. Da der Honigton im fertigen Produkt erkennbar sein soll, reichen meist 10 % bis 15 % Früchte auf die gesamte Ansatzmenge.

Beliebte Varianten sind: Beeren, Äpfel, Kirschen oder Zwetschken/Pflaumen. Um dem Früchtemet noch mehr Komplexität zu geben, können zusätzlich Gewürze (z. B. Zimt, Nelken, Ingwer, Zitronen-/Orangensaft bzw. Abrieb der Schale) zugegeben werden.

Einsatz von Presssäften/Direktsaft

Während der Obstsaison können auch frisch gepresste Säfte, sowohl vor der Gärung als auch in den fertigen Met, hinzugegeben werden. Außerhalb der Obstsaison können Direktsäfte, welche keinen zugesetzten Zucker enthalten, verwendet werden.

Bei der Zugabe in den fertigen Met hat man den Vorteil, dass die benötigte Menge genau abgeschmeckt werden kann. Dabei ist zu beachten, dass durch das Einmischen der Alkoholgehalt verdünnt wird und im schlimmsten Fall durch die Verringerung des Alkoholgehaltes der Met wieder zu gären beginnen kann. Somit eignen sich dafür am besten Honigweine, welche einen hohen Alkoholgehalt (mind. 14 % vol.) aufweisen. Ziel muss es sein, dass nach der Beimischung des Saftes noch immer mind. 12,5 % vol. Alkohol vorhanden ist, um eine Nachgärung zu verhindern. Eine Entkeimungsfiltration bei der Flaschenfüllung, ein stabiler Schwefelgehalt (30–50 mg SO_2-frei) und ein ansprechender Säurekörper geben weitere Sicherheit.

Ein Problembereich wird öfters übersehen: Auch die hinzugegebenen Säfte müssen eiweißstabil sein. Ansonsten flockt in der gefüllten Flasche bei längerer Lagerung das Eiweiß aus und bildet einen unansehnlichen Bodenbelag.

Foto: Erin Ashley

FEHLER UND KRANKHEITEN BEI MET

Wie bei der Trauben- und Obstweinbereitung können auch hier alle gängigen Fehler und Krankheiten auftreten. Da wir es mit einem Produkt zu tun haben, das durch den hohen Restzuckergehalt ideale Bedingungen für die Vermehrung von Mikroorganismen (Bakterien, Wildhefen) bietet, bedarf es:

- **der absoluten Sauberkeit während des gesamten Produktionsablaufes**
- **der ständigen sensorischen Kontrolle des Produktes**
- **einer sehr sorgfältigen kellertechnischen Arbeit**
- **eines stabilen freien Schwefels von 25–40 mg/l**

Bei der Metbereitung gibt es, wie zuvor erwähnt, hauptsächlich zwei Gefahrenbereiche, die zum Verderb des Produktes führen können:

1. Bakterienbefall: Diese Gefahr besteht während des gesamten Produktionsablaufes, wobei der Met dafür während der Gärphase besonders anfällig ist.

2. Mangelnde Stabilität in der Flasche: Nochmaliger Gärbeginn, Trübungen und Ausflockungen führen zu einem Verderb des Honigweines.

Vom Ansatz bis zur Abfüllung ist hygienisches Arbeiten unerlässlich für ein einwandfreies Endprodukt. Foto: Erin Ashley

Vorbeugende Maßnahmen gegen Bakterieninfektionen

Tätigkeit	Folge
Erhitzung des Honigs vor dem Vermischen mit Wasser/Fruchtsaft	Inaktivierung der Fremdhefen
Rascher Gärstart durch Hefe-nährstoffe und die Beigabe einer gärkräftigen Hefe	Grundlage für eine reintönige Gärung
Gärtemperatur: 17–20 °C	Optimale Gärbedingung
Abzug vom Hefegeläger nach Gärende mit gleichzeitiger Schwefelung von 15 g KPS/100 l	Unterbindung von Hefeböckser und Bakterienerkrankungen
Spundvolle Lagerung	Durch die Verdrängung des Sauerstoffes aus dem Fass wird den Mikroorganismen eine wichtige Lebensgrundlage entzogen
Flaschenfüllung: entweder „kalt-steril" oder „warm"	Bei beiden Methoden versucht man die Hefezellen entweder mechanisch zu entfernen oder durch Hitze zu inaktivieren

Diese kellertechnischen Maßnahmen sind notwendig, um eine Bakterienvermehrung von vornherein zu verhindern. Trotz aller Vorsicht und kellertechnischen Maßnahmen kann sich der Met fehlerhaft präsentieren. Im Anschluss werden typische Fehler und Krankheiten beschrieben. Diese schon im Anfangsstadium zu erkennen und rasch zu behandeln, kann ein gänzliches Verderben verhindern.

MÄUSELN

Das Mäuseln ist eine der gefürchtetsten „Krankheiten" bei der Metbereitung. Die Erkennung ist relativ einfach; der Geschmack im „Abgang" ist sehr unangenehm kratzend und hält vor allem sehr lange an. Oft ist dieses Kratzen erst einige Sekunden nach dem Schlucken zu bemerken. Gibt man einige Tropfen mäuselnden Metes auf die Handflächen, verreibt sie und wartet ganz kurz, so kann man einen unangenehmen Geruch feststellen, der an Mäuseharn erinnert – daher auch der Name.

Ursachen

Hauptverursacher sind vor allem Milchsäurebakterien, die sich gerade bei Met sehr leicht vermehren können, da im Honig größere Mengen an Gluconsäure enthalten sind. Eine verzögerte Gärung bei geringen Säurewerten und hoher Temperatur sind die idealen Bedingungen für diese Erkrankung.

Vorbeugung

Von Beginn der Metbereitung an muss kellertechnisch einwandfrei gearbeitet werden; die Gärung soll rasch beginnen, das Geläger muss nach beendeter Gärung möglichst rasch entfernt und der Met geschwefelt werden.

Heilung

Diese Krankheit ist im Grunde nicht heilbar. Man kann sie jedoch, sobald sie auftritt, durch den sofortigen Abzug und ein stärkeres Lüften und Schwefeln eindämmen. Unter „Lüften" versteht man ein Umziehen, bei dem versucht wird, so viel wie möglich Luft ins Getränk hineinzubringen. Dies kann z. B. durch die Verwendung einer Brausedüse geschehen. Durch den Sauerstoff verflüchtigen sich die unangenehmen Geschmacks- und Geruchsstoffe. Diese Methode sollte zuerst in einer kleineren Menge Met (1 Liter) ausprobiert werden, da ein vermehrtes Wachstum der sauerstoffliebenden Mikroorganismen (Essigsäurebakterien) wie eine verstärkte Oxidation Nachteile sind.

BÖCKSER

Der Geruch nach faulen Eiern, nach Knoblauch, Kohl oder Zwiebeln beschreibt deutlich den Böckser. Auch am Gaumen erscheint er breit und faulig.

Ob ein Met „böcksrig" ist, lässt sich durch die Zugabe einer Kupfermünze in ein Glas Met nachweisen. Das Kupfer bindet durch kurzes Schwenken und Stehenlassen die unangenehmen fauligen Komponenten.

Ursache

Eine schleppende Gärung, verursacht durch Vitaminmangel, und/oder ein zu langes Liegenlassen des Honigweines auf der Hefe können diesen Fehler verursachen.

Vorbeugung

Die Ursachen für Böckser sind sehr komplex, sodass kein Meterzeuger davor geschützt ist. Hohe Gärtemperaturen und eine zu hohe Gärintensität begünstigen ebenfalls das Auftreten.

Somit ergibt sich, wie schon des Öfteren erwähnt:

- Ausreichende Nähstoffversorgung (N,P, Vitamine) der Hefe
- Gärtemperatur zwischen 17 und 20 °C
- Rascher Abzug und Klärung nach Gärende

Behandlung

Bei Auftreten ist der Met rasch zu klären, d. h. Schönung und Filtration. Zu einem hohen Teil haftet der Fehlgeruch an den Trubbestandteilen. Ein Lüften und Schwefeln kann einen leichten Böckser beseitigen. Als weitere Möglichkeit steht die Anwendung von Kupfersulfat zu Verfügung. In diesem Fall sollte aber der Rat eines Wein- oder Mostlabors eingeholt werden.

MILCHSÄURESTICH

Der Met hat einen unangenehmen sauerkrautähnlichen Geruch und Geschmack, der meist bald nach der Gärung auftritt.

Ursache

Diese Bakteriengruppe vermehrt sich besonders leicht bei säurearmen Produkten, bei gleichzeitig mangelhafter Gärung, zu spätem Umziehen, zu warmer Lagerung sowie fehlender Schwefelung.

Behandlung

Abzug vom Geläger – Säurekorrektur – Schwefelung mit 15 g KPS/100 l – Grobfiltration oder Schönung und letztendlich eine Entkeimungsfiltration. Starker Milchsäurestich ist nicht heilbar. Als Vorbeugung sind sämtliche Fässer, Filter und Schlauchleitungen zu desinfizieren.

ESSIGSTICH

Sowohl in der Nase als auch am Gaumen ist ein leicht säuerlicher, scharfer, an Essig erinnernder Ton erkennbar.

Ursachen

Essigsäurebakterien lieben Luft und Wärme. Mangelnde Hygiene, keine spundvollen Behälter nach der Gärung, fehlende Schwefelung, eine warme Lagerung und ein ungenügender Gärverlauf können Ursachen für eine Infektion durch Essigsäurebakterien sein.

Vorbeugung

Während des gesamten Verarbeitungsprozesses zählen regelmäßige Reinigung und Desinfektion als wichtigste Maßnahmen. Durch einen raschen Gärstart wird der Sauerstoff aus dem Getränk verdrängt. Sowohl der Raum als auch die Gerätschaften dürfen nicht gleichzeitig für eine Essigerzeugung verwendet werden. Hier gilt strikte Raum- und Gerätetrennung, da es ansonsten zu Kontaminationen durch die Essigbakterien kommt.

Heilung

Bei den ersten Anzeichen wäre der Einsatz einer EK-Filtration noch möglich; stärkeren Befall kann man nicht mehr heilen. Als Ausweg bleibt nur mehr, daraus Essig zu bereiten – möglichst weit weg von jenen Räumlichkeiten, in denen Met hergestellt wird.

> Bei unsauberer Kellerarbeit kommt es nicht nur zu einer durch Bakterien hervorgerufenen Krankheit, unsaubere Arbeit schafft ideale Lebensbedingungen für viele Mikroorganismen; neben Essigbakterien können sich auch Milch- und Buttersäurebakterien vermehren.

Bei allen Krankheiten, die durch Bakterien hervorgerufen worden sind, ist eine Heilung fast nicht möglich. Diese Krankheiten sind Infektionen, die durch Verschnitt und „kranke" Fässer übertragen werden und dann gesunde Honigweine befallen können.

Da ein hoher Säuregehalt unangenehm wirkt, kommt in unserem Fall als konservierender Faktor nur ein hoher Alkoholgehalt, absolute Kellerhygiene sowie ein ausreichender Schwefelschutz in Frage.

Wird dies erreicht, so verschlechtern sich die Lebensbedingungen für Bakterien dermaßen, dass ein sehr hoher Schutz vor diesen Infektionen besteht.

Neben den typischen Bakterienerkrankungen können noch andere Fehler auftreten, die das Geschmacksbild erheblich stören.

Dazu zählen:

- Holzgeschmack durch Holzfässer, die nicht weingrün gemacht worden sind
- Fehler durch Überdosierung, sei es von Gewürzen oder Zitronensäure
- Oxidationen

HOLZGESCHMACK

Werden für die Meterzeugung neue Holzfässer verwendet, so werden die im Holz enthaltenen Gerbstoffe durch den Alkohol des Honigweines ausgelaugt. Neue Fässer müssen daher vor der ersten Füllung mit Laugen oder Dampf behandelt werden, um die vorhandenen Gerbsäuren zu entfernen. Diesen Vorgang bezeichnet man auch als „Weingrünmachen". Geschieht dies nicht oder nur ungenügend, so verleihen die gelösten Gerbsäuren im Met dem Getränk einen Geschmack, der an Holz erinnert.

Durch den Verschnitt mit einem anderen, fehlerfreien Met kann dieser Holzton soweit verdünnt werden, dass dieser nicht mehr als unangenehm in Erscheinung tritt. Wird der Holzgeschmack bewusst herbeigeführt, spricht man vom „Barrique-Ausbau".

OXIDATION

Gerade im Metbereich ist dieser leicht zu verhindernde Fehler häufig anzutreffen. Die mit Met nicht spundvoll gefüllten Fässer stehen jahrelang ohne SO_2-Schutz im Keller. Der Met bekommt eine immer dunklere Farbe, wird schal und fad am Gaumen. Als Grundsatz gilt, dass während des gesamten Produktionsprozesses so wenig wie möglich Luft in das Getränk eingebracht werden soll.

Werden zum Metansatz auch gerbstoffreiche Fruchtsäfte verwendet, so kann der Sauerstoff mit den vorhandenen Polyphenolen reagieren und es bildet sich ein dunkelgelber bis roter Farbstoff, der auch zu Ausfällungen führen kann.

Der Met-Hersteller Superstition Meadery aus Arizona lagert Met auch in Holzfässern.
Foto: Erin Ashley

REZEPTE MIT MET

ALTE METREZEPTE

Zur Vervollständigung dieses Buches möchte ich eine Zusammenstellung alter – zum Teil überlieferter – Rezepte anführen. Es möge jeder selbst prüfen, ob sich diese Rezepte für die Meterzeugung eignen. Vieles ist sicher nicht mehr aktuell, manches kann man daraus lernen.

Interessant ist, dass fast bei jedem Rezept der Metansatz vor der Gärung gekocht wird. Dies ist der Grund, warum Met das Image eines dickflüssigen sehr süßen Getränkes hat. Durch die hohe Wasserverdunstung kommt es zu einer Eindickung der Gesamtflüssigkeit und Karamellisierung des Zuckers. Durch die hohe Zuckerkonzentration verläuft der Gärprozess entsprechend langsam.

Wenn Sie nach einem dieser Rezepte Ihren Met erzeugen wollen, so empfehle ich jedoch unbedingt die Verwendung einer gärkräftigen Reinzuchthefe, um einem Verderben während der Gärphase vorzubeugen.

Der weithin bekannte „Bienenvater" Edmund Herold stellt in seinem Buch „Heilwerte aus dem Bienenvolk" folgendes Rezept vor:

Kräftiger Gewürzmet

100 l Wasser (Leitungs-, besser Regenwasser), 75 Pfund Honig, je 10 Gramm Weinstein- und Zitronensäure, 5 Stangen ganzen Zimt, ½ Döschen geriebene Muskatnuss, 2 walnussgroße Stücke Ingwer, ¼ Beutel gemahlene Nelken, zweimal vier Finger voll Melissentee. Honiglösung zwei Stunden kochen, dabei ständig rühren und abschäumen, damit die schlecht schmeckenden Honighefen abgetötet und alle Unreinheiten entfernt werden. Eine halbe oder ganze Stange Bäckerhefe aufgelöst zugeben, Gewürze in Leinenbeutel einhängen. Raum auf 20–25 °C warmhalten. Nach zwei Monaten etwa, wenn die stürmische und auch die schwächere Nachgärung vorüber sind, zum erstenmal abstechen. Nach weiteren sechs Monaten in Flaschen füllen.

Altes Metrezept aus Ostpreußen

Auf 1 l Honig knapp 4 l Wasser, etwa 10 g getrockneten Hopfen, 1 gescheibelte Zitrone samt Schale, zum Braunfärben einige Esslöffel braunen Zucker.

Alles zusammen aufkochen, Hopfen und Zitronenscheiben in ein Mulltüchlein wickeln, das man leicht herausfischen kann. Gut umrühren und in einen oder mehrere Krüge bis zu ¾ der Höhe füllen. Wegen der Gärung leicht überdecken. Bei Zimmertemperatur mindestens drei Wochen stehenlassen, bis der Met nicht mehr gärt. Spätestens nach einem Monat kann man den Met in Flaschen füllen.

Vorsichtshalber nicht zu fest verkorken.

Honigmet nach Altmeister Dzierzon

Man löst 5 l Honig in 20 l Wasser und kocht die Lösung so lange, bis sie ein frisches Hühnerei trägt. Die Spitze des Hühnereis muss noch ein wenig aus der Flüssigkeit hervorschauen. Nun lässt man sie bis auf die Außentemperatur abkühlen, füllt sie in ein Weinfass oder einen Glasballon mit Gärspund. Das Weitere ist jetzt Geschmacksache; man kann dieses Honigwasser entweder belassen wie es ist, oder aber, wenn man den Wein würziger haben will, hängt man in die Flüssigkeit in einem leinenen Beutelchen etwas Muskatnuss, Gewürznelken, Ingwer und Zimt.

Nun lässt man die Flüssigkeit bei mäßiger Wärme von 12–16 °C ca. sechs Wochen gären. Während der Gärung ist das Fass mit einem Gärspund verschlossen zu halten. Ist die Gärung vollendet, füllt man den Met in ein anderes, etwas kleineres Fass, achtet aber darauf, dass keine Unreinheiten vom Bodensatz mehr in das frische Fass kommen. Auch dieses Fass wird vorerst nur leicht verkorkt. Nach vier bis sechs Monaten ist alle Gärung vorbei, der Met ist flaschenreif, kann in Flaschen abgezogen werden. Er hält dann jahrelang, gewinnt von Jahr zu Jahr an Aroma, Wohlgeschmack und auch an Alkohol.

(Aus Guido Sklenar: Imkerpraxis)

Metrezept von 1897

12 Liter Wasser in einen Kessel gießen, sich ein Zeichen an der inneren Wand des Kessels machen, um zu markieren, wie hoch das Wasser darin steht, 4 Liter Wasser und 3 ½ Kilo Honig dazu geben. Kocht und schäumt die Flüssigkeit eine halbe Stunde lang, schüttet man eine knappe Handvoll sehr guten Hopfen hinein (andere Rezepte nehmen zwei Zweige Rosmarin) und setzt das Kochen so lange fort, bis die Flüssigkeit wieder auf 12 Liter eingedampft ist, was man am zuvor im Kessel gemachten Zeichen erkennt.

Nun gießt man das Gebräu in einen Holzbottich, lässt es kurze Zeit abkühlen, mischt 4 Esslöffel frische, gute Bierhefe hinzu, bedeckt den Bottich mit Tüchern, bindet ihn zu und lässt ihn 48 Stunden stehen. Dann seiht man die Flüssigkeit in ein Fässchen (Korbflasche), hängt ein leinernes Beutelchen mit 4 in Scheiben geschnittenen Zitronen (ohne Kerne), 30 Gramm gestoßenem Zimt, 15 Gramm Kardamom und 3 Gewürznelken in dasselbe, verschließt es mit einem Spund und stellt es sechs bis acht Wochen in den Keller. Dann zieht man den Met auf Flaschen.

Met und Sekt harmonieren wunderbar miteinander.

MIX-REZEPTE MIT MET

Ob mit Wodka, Rum, Honiglikör oder anderen Produkten vermischt – der Fantasie sind dabei keine Grenzen gesetzt. Dazu wuchtige Namen wie: „Steinwerfer", „Germanenturbo" oder ähnliche und Sie haben ein exklusives Getränk für Ihre nächste Party!

Metsekt

Ein beliebtes Begrüßungsgetränk ist die 1:1-Mischung Sekt mit Met. Je nach Metcharakter kann das Mischungsverhältnis variieren und sollte zuvor ausprobiert werden. Kühl im Sektglas servieren.

Met-Bowle tropisch

1 bis 2 Dosen Mandarinen oder Ananas werden mit 2 Flaschen Met übergossen und 12 Stunden stehen gelassen. Vor dem Genuss wird mit einer Flasche Sekt und 100 ml blauem Orangenlikör (Curaçao) abgeschmeckt.

Apfel-Met-Bowle

Zwei große Äpfel werden klein geschnitten, mit Zitronensaft beträufelt und mit 1,5 l Met übergossen und einen Tag stehen gelassen. Vor dem Servieren wird eine Flasche Sekt hinzugefügt. Sollte Ihnen die Bowle zu alkoholintensiv sein, können Sie sie mit Apfelsaft verdünnen.

Melonenbowle mit Met

1 kleine Melone wird in kleine Stücke geschnitten, in ein Bowlegefäß gegeben, mit 1l Met übergossen und 12 Stunden ziehen gelassen. Vor dem Servieren nochmals 1 l Met und ¾ l Sekt zugeben. Wenn es jemand weniger alkoholisch liebt, kann er 1 l Met durch 1 l Mineralwasser ersetzen.

Wikingerblut

Met wird 1:1 mit Kirschsaft vermengt und kann kalt oder warm getrunken werden.

Heißer Met mit Wodka – „Umwerfer"

1 l Met wird mit 7 Gewürznelken, 2 Zimtstangen, einer ½ geriebenen Muskatnuss, ½ Vanilleschote sowie einer ausgepressten Zitrone versetzt und vorsichtig erhitzt. Nach dem Abkühlen 100 ml Wodka hinzufügen und heiß servieren.

Met-Glühwein

½ l Met wird vorsichtig erwärmt und mit ½ Teelöffel Vanillearoma (Ersatz: 1 TL Vanillezucker), ca. 8 Stück Nelken, ½ Teelöffel gemahlenem Kardamom und mit 2 Esslöffeln Rum vermischt. Das Ganze wird vorsichtig erhitzt (darf nicht kochen!) und ziehen gelassen. Nelken abseihen und warm servieren.

COCKTAILS MIT MET

Ein interessantes Einsatzgebiet für Honigwein bietet sich in der Barszene an. Je nach Honigweinsorte ergeben sich viele Möglichkeiten, denn jeder wohlschmeckende Drink braucht eine Süße-Säure-Balance. Der Bartenderin bzw. dem Bartender stehen alle Türen offen, um einen kreativen Cocktail zu kreieren. Die „Hammond Bar" in Wien ist ein solcher Ort in der Kreativität groß geschrieben wird.

Im Anschluss einige Kreationen dieser Ideenwerkstatt:

Old Fashioned Twist

5 cl weißer Rum (z. B. Plantation 3 Stars; 41,2 %)
2 cl Honigwein aus Waldhonig
0,5 cl Runny Honey
20 Tropfen Cocktail Bitters Lemon
Eiswürfel
Limettenzeste zum Garnieren

Zuerst kommen die Eiswürfel in das Glas. Rum, Honigwein und Runny Honey darüber gießen, Lemon Bitters hinzutropfen. Sanft umrühren, um die Aromen zu mischen. Limettenzeste über dem Glas ausdrücken, um die ätherischen Öle freizusetzen. Zeste in Form schneiden und den Cocktail damit garnieren.

Runny Honey herstellen: Ein Teil flüssiger Honig wird mit 0,8 Teilen warmem, aber nicht kochendem Wasser gemischt, bis sich der Honig vollständig gelöst hat.

Metini

5 cl Vodka
2 cl Met mit Weichseln
20 Tropfen Salzlösung
Eiswürfel
Heidelbeere zum Garnieren

Eiswürfel in ein Rührglas geben, Vodka und Fruchtmet beimengen, mit Salzlösung beträufeln. Metini mit Eis im Rührglas kalt rühren. Dann Eis abseihen, in ein Martini-Glas (Stielglas) umfüllen und mit Heidelbeeren garnieren.

Honey Bucket

5 cl Met
1 cl Marillenschnaps
0,5 cl Limettensaft
Ginger Beer zum Auffüllen
Eiswürfel

Zunächst den Met, dann den Marillenschnaps und erst danach den Limettensaft in ein Tumblerglas (Whiskeyglas) füllen. Vorsichtig mit Ginger Beer auffüllen. Eiswürfel dazugeben und mit einer Bienenwabe verzieren.

Bee´s Orchard

4 cl Gin
3 cl Met
0,5 cl Honig
2 cl Zitronensaft
20 Tropfen Cocktail Bitters Lavendel
Eiswürfel

Gin, Met, Honig, Zitronensaft und Lavendelbitter im Shaker gut schütteln, bis sich der Honig aufgelöst hat. Danach Eis hinzugeben und erneut schütteln, bis das Getränk abgekühlt ist. Danach Eis abseihen und in einer Stielschale mit einer Honigwabe verziert anrichten.

Bee's Orchard – eine optische wie geschmackliche Überraschung in der Hammonds Bar

Vodka und Met ergänzen sich optimal.

Bumble Beat

5 cl Gin
2 cl Met
1 cl Suze (franz. Enzian-Likör)
1 cl Lacto-Salz-Orangen-Cordial (fermentierter Orangenauszug)
Eiswürfel

Eiswürfel in eine Stielschale geben. Gin, Met, Suze und Lacto-Salz-Orangen-Cordial hinzufügen. Sanft umrühren und mit einer Orangenzeste garnieren.

Lacto-Salz-Orangen-Cordial herstellen:
Lacto-Salz-Orangen-Cordial entsteht durch Milchsäuregärung und die Kombination von salzigen und süßen Aromen.

4–5 große Bio-Orangen gründlich waschen und in sehr dünne Scheiben schneiden. Den Saft auffangen und beiseite stellen. In einem großen Topf 500 ml Wasser erhitzen und 200 g Zucker sowie 1–2 TL Salz (Meersalz) darin auflösen. Diese Mischung danach abkühlen lassen.

Die Orangenscheiben und den ausgepressten Saft in ein Einmachglas mit mind. 1 l Fassungsvermögen geben. Die abgekühlte Zucker-Salz-Wasser-Mischung und 50 ml flüssige Molke hinzufügen. Alles gut vermischen. Ein Gewicht oder einen kleinen Teller verwenden, um die Orangenscheiben unter der Flüssigkeit zu halten. Das Glas mit einem Tuch oder einem luftdurchlässigen Deckel abdecken und an einem kühlen, dunklen Ort für etwa 3–5 Tage stehen lassen. Den Fermentationsprozess täglich überprüfen – es soll sich kein Schimmel bilden. Nach etwa 3–5 Tagen sollte die

Met ist ein genialer Mischungspartner für schmackhafte Cocktails.

Mischung einen angenehm säuerlichen Geruch haben. Die Flüssigkeit sollte klar bleiben, und es sollte keine Anzeichen von Schimmel geben. Die fermentierten Orangenscheiben aus der Flüssigkeit nehmen. Den fertigen Cordial durch ein feines Sieb oder ein Tuch filtern und in saubere Flaschen abfüllen. Den fertigen Cordial im Kühlschrank aufbewahren. Er kann sofort genossen werden, aber der Geschmack verbessert sich oft nach einigen Tagen im Kühlschrank.

Corn & Met

5 cl brauner Rum
2 cl Met
1 cl Falernum (Gewürzlikör)
0,5 cl Limettensaft

Eis in ein Tumblerglas (Whiskeyglas) geben. Rum, Met, Falernum und Limettensaft hinzufügen. Umrühren, fertig.

MET
MET
erzeuger

Met Espresso Martini

3 cl Vodka
3 cl Met
1 cl Cointreau (Orangenlikör)
Doppelter Espresso, kalt

Im Shaker Eiswürfel, Vodka, Met, Cointreau und Espresso mixen. In eine Stielschale eingießen und genießen.

Met Julep

3 cl Bourbon Whiskey
3 cl Met
20 Tropfen Cocktail Bitters Orangen
10 Tropfen Angostruras Bitters
Minze

Eiswürfel und frische Minze ins Glas (am besten ein Edelstahlbecher oder ein Whiskey-Glas) geben. Dann den Whiskey eingießen, anschließend langsam den Met zugeben. Bitters tropfenweise hinzufügen und gleich servieren.

Met Manhattan

5 cl Rye Whisky
1,5 cl roter Wermut
2 cl Met
20 Tropfen Angosturabitters
0,25 cl Maraschino (Kirschlikör)

Whiskey, roten Wermut, Met, Angosturabitter und Maraschino in einer Stielschale miteinander verrühren. Mit Eiswürfel servieren.

Met Cadillac

1 cl Galliano Vanilla (Vanille- & Kräuterlikör)
3 cl Met
3 cl Obers
1 cl Crème de Cacao (Schokoladelikör)
Eiswürfel

Die Zutaten in einen mit Eis gefüllten Shaker füllen und gut mixen. Danach in eine Stielschale ausgießen und servieren.

Metroni

3 cl Gin
3 cl Campari
3 cl roter Met
Eiswürfel

Gin, Campari und Met in ein mit Eiswürfeln gefülltes Tumblerglas (Whiskeyglas) füllen, umrühren und dann servieren.

Danziger Met-Cocktail

200 ml Met wird mit 100 ml Orangensaft gemischt. 50 ml Danziger Goldwasser (Gewürzlikör) hinzufügen und mit Eiswürfeln servieren.

Daiquiri Met

3 cl Met
3 cl weißer Rum (Light Rum)
2 cl frischer Limettensaft
1 cl Honig

Alle Zutaten in den Shaker geben (ohne Eis!). Naturhonig wird sofort hart, wenn er auf Eis trifft – der Cocktail hat dann keine Süße mehr! Mit einem Löffel den Honig in den Drink rühren, damit dieser flüssig wird. Dann erst den Shaker mit Würfeleis füllen und kräftig 12 Sekunden lang schütteln. Das Martiniglas am Glasrand mit Zitronensaft bestreichen und in die vorbereiteten Blütenpollen tauchen.

Daiquiri Met besteht aus Light Rum, Met, Limettensaft und Honig mit einer Garnitur am Glasrand aus Blütenpollen. Foto: Mag. Tom Weilguny

Den kühlen Drink ohne Eis in das Martiniglas abseihen und gleich servieren.

SPEISEN MIT MET

Wildschwein mit Metsauce

1 Keule vom Wildschwein (500 g) ohne Knochen
Salz und Pfeffer
3 Zweige Thymian
200 ml kräftige Fleischbrühe
150 ml Met
1 EL Honig
100 g Butter
2 EL Crème fraîche
Muskat

Die Wildschweinkeule salzen, pfeffern und von allen Seiten scharf anbraten. Anschließend das Fleisch zusammen mit 2–3 Thymianzweigen in einen Bratbeutel oder eine Tasche aus Alufolie geben. Bei ca. 90 °C 1 Stunde im Backofen garen. Den Bratensatz in der Pfanne mit der Fleischbrühe kochen. In die Flüssigkeit 2 EL Crème fraîche und 1 EL Honig geben. Jetzt nicht mehr kochen lassen und den Honigwein (Met) dazugeben. Durch die hohe Kochtemperatur würde der Honigwein geschmacklich verändert und im schlimmsten Fall sogar bitter werden.

Mit geriebenem Muskat, Salz und Pfeffer abschmecken. Zur Bindung die kalte Butter stückchenweise einrühren. Vor dem Anrichten den ausgetretenen Fleischsaft in die Sauce rühren.

Wikingerblut-Marmelade

½ l Met wird mit ¼ l Kirschsaft gemischt. 250 g frische Weichseln werden klein geschnitten und hinzugegeben. Mit 500 g Gelierzucker 2:1 versetzen. 4 Minuten kochen lassen („Gelierprobe") und danach in Gläser füllen.

Met war in vielen Kulturen des Mittelalters weit verbreitet, besonders in Nordeuropa. Er wurde sowohl von Adeligen als auch von einfachen Leuten genossen.

BLICK ÜBER DEN TELLERRAND

Ein kleiner Auszug der Produktpalette der Superstition Meadery (Arizona). Foto: Superstition Meadery

Während in Österreich und der Schweiz Honigwein ein Nischenprodukt darstellt, welches jedoch immer mehr in den Fokus der Verbraucher kommt, hat Met in den Nordländern und Oststaaten Tradition. Auch Deutschland zählt zu den Traditionsländern vor allem im Norden des Landes. Es gibt so etwas wie „nationale" Stile in diesem Bereich. Österreich und Schweiz sind die Puristen, aromatisch ist der Honiggeschmack erwünscht. Der klassische Honigwein aus Wasser und Honig mit unterschiedlicher Restsüße steht im Vordergrund. Variation bietet die Honigwahl und den damit verbundener Geschmacksvielfalt. Skandinavien, Heimat der Honigwein-Schutzgottheit Thor, bevorzugt die Kombination mit Früchten.

Speziell ist auch die osteuropäische Produktion. Basis bildet meist Waldhonig, der mit Kräutern, Beeren und Gewürzen versetzt wird. Dicht und gehaltvoll am Gaumen mit leichter oxidativer Note – so wird er geliebt.

Die Internationale Met-Szene ist fantasiereich, Mischungen mit exotischen Früchten, ja sogar mit Kaffee, sind zu finden. Losgelöst von Rittern und Wikingern erscheinen die Produkte in einem modernen oftmals „spacigen" Erscheinungsbild. Die „meaderys" in Übersee boomen, Met ist dort ein In- und Trendgetränk geworden.

NATIONALE UND INTERNATIONALE METPRÄMIERUNGEN

Als Metproduzent oder -produzentin legt man sein ganzes Können, seine Kreativität und Liebe in die Waagschale, um sich selbst und den Kunden ein Topprodukt präsentieren zu können. Um sich weiter entwickeln zu können, benötigt man ehrliche Rückmeldungen. Freunde und Kunden können hier hilfreich sein. Wie es aber im Vergleich mit anderen Meterzeugern aussieht, lässt sich nur mit der Teilnahme an Prämierungen beantworten.

Auf nationaler Ebene werden diese meist von Imkerverbänden oder kulinarischen Vereinigungen organisiert und durchgeführt. Diese Wettbewerbe fördern die Qualität und Vielfalt der regionalen Produkte und bieten vor allem Produzenten eine Plattform, um für ihre qualitativ hochwertigen Produkte zu werben.

So gibt es in der Schweiz die **„Concours Suise des produits du terroir"** bei dem regionale Schweizer Produkte bewertet und prämiert werden.

„Die goldene Honigwabe" ist eine Produktprämierung von Honig und Honigprodukten in Österreich. Diese findet im Rahmen der Ab-Hof-Messe in Wieselburg statt. Prämiert werden u. a. Met klassik, Met trocken/halbtrocken sowie Met mit Frucht- und/oder Gewürzkomponenten. Einem Punkteschema folgend gibt es Gold-, Silber- und Bronzemedaillen.

Imkerverbände und private Initiativen sind es, welche in Deutschland regionale Prämierungen organisieren.

Glückliche Preisträger des Mead Madness Cups

Auszeichnungen beim Mead Madness Cup gibt es in Gold, Silber und Bronze.

Verkostungsproben bereit für die Teilnehmerverkostung

International sind drei Bewerbe zu nennen: Die Prämierung im Rahmen der internationalen Imkermesse **„Apimondia"** bei der hauptsächlich Imker mit ihren Honigweinen teilnehmen. In Europa ist der **„Mead Madness Cup"** in Warschau, organisiert von den Kings of Mead, die größte Bühne zur Präsentation des Honigweines. Durchschnittlich werden an die 800 Verkostungsproben aus der ganzen Welt eingereicht. Wer hier vorne mit dabei ist, spielt im Orchester der ganz großen Metproduzenten mit. Besonders erwähnenswert ist die Tatsache, dass bei der Preisverleihung im Rahmen eines prunkvollen Banketts alle Proben frei zur Verkostung bereit stehen.

Weltweit die Prämierung mit den meisten Einreichungen ist der **„Macercup"** in Kansas City.

Allen Bewerben gemeinsam ist die Vielzahl an Kategorien, in denen eingereicht werden kann. Trocken ausgebaut, sortenrein, gemischt mit Früchten, angereichert mit CO_2, holzfassgelagert, versetzt mit Kräutern uvm., gilt es objektiv zu bewerten. Die Juroren sind geschulte Profis, die ihr Handwerk beherrschen.

Europas beste Metproduzenten werden beim Mead Madness Cup in Polen ausgezeichnet. Foto: Ewa Rugala

Aussteller präsentieren ihre Honigweine auf der Mead Madness Conference organisiert von den Kings of Mead. Foto: Ewa Rugala

Foto: Ewa Rugala

ANHANG

GESETZLICHE BESTIMMUNGEN

Die gesetzlichen Bestimmungen, die in diesem Kapitel genannt werden, erheben nicht Anspruch auf Vollständigkeit. Genaue Auskünfte über die zur Zeit geltenden gesetzlichen Bestimmungen erteilen die zuständigen Stellen!

Schweiz

Verordnung des Eidgenössischen Departement des Innern (EDI) über Getränke (vom 16. Dezember 2016)

Gegenstand und Geltungsbereich – Art. 1

1. Diese Verordnung umschreibt folgende alkoholischen Getränke, legt die Anforderungen an sie fest und regelt deren besondere Kennzeichnung und Anpreisung:
   Absatz g: alkoholische Getränke
   Punkt 8: Honigwein (Met)

Art. 106 Begriff

Honigwein (Met) ist ein Getränk, das durch alkoholische Gärung eines Wasser-Honig-Gemisches gewonnen wird.

Art. 107 Anforderungen

1. Honigwein muss einen Alkoholgehalt von mindestens 7 Volumenprozent aufweisen.

2. Der Zusatz von Zuckerarten vor der Vergärung ist verboten.

3. Die Aromatisierung mit Gewürzen und Kräutern ist zulässig.

Kennzeichnung

1. Für alkoholische Getränke mit einem Alkoholgehalt von mehr als 1,2 Volumenprozent muss der Alkoholgehalt in „% vol." angegeben werden. Der tatsächliche Gehalt darf vom angegebenen Gehalt nach oben und nach unten höchstens um 0,5 Volumenprozent abweichen.

2. Bei süssen alkoholischen Getränken mit beliebiger Zusammensetzung, die organoleptisch mit alkoholfreien Süssgetränken wie Limonaden, Tafelgetränken, Nektaren, Fruchtsäften oder Eistee verwechselt werden kön-

nen (z. B. „Alcopops"), sind folgende Hinweise anzubringen:

a. „alkoholhaltiges Süssgetränk"; und
b. „enthält x % vol. Alkohol".

Die Angaben nach Absatz 2 müssen im gleichen Sichtfeld angebracht werden wie die Sachbezeichnung.

Österreich

Codex-Kapitel B3 – Teilkapitel Met-Honigwein

Beschreibung

1. Unter Met (Honigwein) im Sinne dieses Teilkapitels versteht man ein Getränk, das aus einer Homiglösung (Gemisch aus Honig im Sinne der Honigverordnung und Trinkwasser im Sinne der Trinkwasserverordnung, mindestens 1 Teil Honig auf 2 Teile Wasser) durch Gärung hergestellt wird. Er weist die vom verwendeten Honig herrührenden typischen Geruchs- und Geschmackseigenschaften auf. Lediglich zur Geschmacksabrundung können dem Ansatz auch Gewürze, Kräuter, Früchte und Fruchtsäfte in geringen Mengen zugesetzt werden. Mit Honig versetzter Wein im Sinne des Weingesetzes 1999 idgF fällt nicht unter dieses Teilkapitel.

2. Der Alkoholgehalt des Mets beträgt mindestens 11 % vol. und darf nur im Wege einer Gärung herbeigeführt werden.

3. Zur Unterstützung der Gärung und Klärung können die für önologische Verfahren und Behandlungen (im Sinne des WeinG 1999 idgF) gestatteten und bei der Meterzeugung üblichen technologischen Hilfsstoffe (z. B. Reinzuchthefen, Hefenährsalze, Klärmittel) verwendet werden.

4. Met (Honigwein) ist klar; er wird üblicherweise vor der Abfüllung filtriert.

5. Gemäß der Verordnung über andere Zusatzstoffe als Farbstoffe und Süßungsmittel, BGBl. II 383/1998 idgF können Met das Konservierungsmittel Sorbinsäure und Schwefeldioxid zugesetzt werden. Die höchstzulässigen Mengen betragen jeweils 200 mg/l.

6. Met (Honigwein) kann auch durch Wärmebehandlung bei der Abfüllung haltbar gemacht werden.

7. Der Zusatz von Säuerungsmitteln wie Zitronensäure ist üblich und richtet sich nach den Bestimmungen der Verordnung über andere Zusatzstoffe als Farbstoffe und Süßungsmittel, BGBl. II 383/1998 idgF.

8. Aromen im Sinne der Aromenverordnung, BGBl. II 42/98 idgF, werden nicht zugesetzt. Eine Geschmacksabrundung nach der Gärung mit Honig ist möglich.

9. Es sind auch Mischungen von Met (Honigwein) mit verschiedenen geschmacksintensiven Lebensmitteln auf dem Markt, bei denen die charakteristischen Geruchs- und Geschmackseigenschaften des reinen Mets (Honigweins) nicht mehr im

Vordergrund stehen bzw. überdeckt werden. Derartige Produkte werden im vorliegenden Codexteilkapitel nicht geregelt und sind dementsprechend zu bezeichnen.

Bezeichnung von Met (Honigwein)

10. Erzeugnisse, die nach diesen Richtlinien hergestellt sind, werden als „Met", auch in Verbindung mit dem Wort „Honigwein" bezeichnet. Auf die (traditionelle) österreichische Codexqualität kann hingewiesen werden.

11. Die für die Angabe des Alkoholgehaltes gemäß § 4 Z.9 der Lebensmittelkennzeichnungs-VO, BGBl. 72/1993 idgF, zulässige Abweichung bei Met (Honigwein) beträgt gemäß AlkoholangabenVO, BGBl. II Nr. 136/1997) ± 1 % vol.

12. Hinweise wie „trocken", „halbsüß", „süß" oder ähnlich beziehen sich auf den durchschnittlichen Gesamteindruck und stellen lediglich eine Orientierungshilfe für die Konsumenten dar.

Deutschland

Die gesetzliche Grundlage zur Herstellung von Honigwein, Honigschaumwein und Honigwein mit Fruchtsaft bzw. mit Fruchtwein bilden die: „Leitsätze für weinähnliche und schaumweinähnliche Getränke" in der Fassung vom 27. November 2002, zuletzt geändert am 07. Jänner 2015

1. Begriffsbestimmung:

Honigwein ist ein Erzeugnis, das aus einem Gewichtsteil Honig mit höchstens zwei Gewichtsteilen Wasser ohne Zusatz von Zuckerarten oder anderen süßenden Zutaten hergestellt wird. Honigschaumwein ist ein Erzeugnis aus Honigwein mit einem Überdruck an Kohlensäure von mindestens 3 bar.

2. Erlaubte Herstellungsverfahren:

- Technische Verfahren (Auszug)
- Filtration
- Zentrifugation
- Thermische Behandlung
- Luft- und Sauerstoffbehandlung
- Behandlungsverfahren (Auszug)
- Zusatz von flüssiger Reinhefe oder Trockenhefe
- Zusatz von Hefenährstoffen: max. 40 g/100 l Ammoniumsalze
- Zusatz bis max. 3 g/l Zitronensäure
- Kaliummetabisulfit bis zu 200 mg/l im fertigen Erzeugnis berechnet als SO_2
- Zuckerkulör zur Farbkorrektur
- Sorbinsäure oder Kaliumsorbat bis zu 200 mg/l im fertigen Erzeugnis
- Klärmittel wie Gelatine, Kieselsol, Bentonit
- Hopfen, Gewürze

3. Beschaffenheitsmerkmale:

- mind. 5,5 % vol. vorhandener Alkohol
- mind. 16 g/l zuckerfreier Extrakt; ohne zugesetzte Säure
- höchstens 1,2 g/l flüchtige Säure, berechnet als Essigsäure

4. Wenn keine Zusatzstoffe verwendet werden, ...

... darf dies in der Kennzeichnung angegeben werden:

z. B. „ohne Zusatz von Konservierungsmittel" bzw. „ohne Zusatz von Säuerungsmittel"

5. Bezeichnung, Etikettenangaben:

- „Honigwein" oder „Met" oder beides
- Name, Anschrift des Erzeugers oder Abfüllers
- vorhandener Alkoholgehalt in % vol. (Toleranzgrenze ± 0,5 % vol.)
- Los-Nummer oder Abfüll-Nummer
- Nennfüllmenge

LITERATURVERZEICHNIS

Dittrich, Helmut H.: Mikrobiologie des Weines, Verlag Eugen Ulmer, Stuttgart 1987

Herold, Edmund: Heilwerte aus dem Bienenvolk, Ehrenwirth, 9. Auflage, München 1984

Horn/Cord: Das große Honigbuch, Ehrenwirth, München 1992

Maier-Bruck, Franz: Vom Essen auf dem Lande, Verlag Kremayer & Scheriau, Wien 1981

Schandler/Koch/Kolb: Fruchtweine, Verlag Eugen Ulmer, Stuttgart 7. Auflage 1981

Stückler, Karl: Most und Apfelwein, Leopold Stocker Verlag, Graz 2009

Zander/Maurizio: Der Honig, Verlag Eugen Ulmer, Stuttgart 1975

Met – der flüssige Schatz aus dem Bienenstock
Foto: Erin Ashley